嘉应学院出版经费资助出版

李友文　索光举　等◎著

依宪治国与反腐

YIXIANZHIGUO YU FANFU

暨南大学出版社
JINAN UNIVERSITY PRESS

中国·广州

图书在版编目（CIP）数据

依宪治国与反腐/李友文，索光举等著.—广州：暨南大学出版社，2016.12
ISBN 978-7-5668-2005-1

Ⅰ.①依… Ⅱ.①李…②索… Ⅲ.①宪法—研究—中国②社会主义法制—建设—研究—中国③反腐倡廉—研究—中国 Ⅳ.①D920.4②D630.9

中国版本图书馆CIP数据核字（2016）第280484号

依宪治国与反腐
YIXIANZHIGUO YU FANFU
著 者：李友文 索光举 等

出 版 人：徐义雄
责任编辑：苏彩桃 梁嘉韵 王海霞
责任校对：潘江曼
责任印制：汤慧君 周一丹

出版发行：暨南大学出版社（510630）
电 话：总编室（8620）85221601
营销部（8620）85225284 85228291 85228292（邮购）
传 真：（8620）85221583（办公室） 85223774（营销部）
网 址：http://www.jnupress.com http://press.jnu.edu.cn
排 版：广州良弓广告有限公司
印 刷：湛江日报社印刷厂
开 本：787mm×960mm 1/16
印 张：9.25
字 数：160千
版 次：2016年12月第1版
印 次：2016年12月第1次
定 价：29.80元

目录

CONTENTS

绪论　宪法与反腐

一、依宪反腐的提出

1999 年 3 月，第九届全国人大二次会议将“依法治国，建设社会主义法治国家”作为治国方略和奋斗目标庄严地记载在《中华人民共和国宪法》（以下简称《宪法》）之中。从此，依宪治国问题更加引起了人们关注，这个问题也理所当然地正式被提上我国政治生活议事日程。2014 年 10 月，在中共十八届四中全会审议通过的《中共中央关于全面推进依法治国若干重大问题的决定》（以下简称《决定》）中指出，坚持依法治国首先要坚持依宪治国，坚持依法执政首先要坚持依宪执政。十八届四次全会是首次在党的全会中以“依法治国”为主题召开的会议，由此可见其重要性。《决定》还指出：深入开展党风廉政建设和反腐斗争，严格落实党风廉政建设党委主体责任和纪委监督责任，对任何腐败行为和腐败分子，必须依纪依法予以坚决惩处，决不手软。从党的十八届四中全会的《决定》中可以看出，依法治国是中国共产党对国家进行治理的重大决策和方略，依法治国的根本是依宪治国；党对腐败的治理是国家治理的重要组成部分，由此，依宪反腐是国家腐败治理的根本手段，必须予以重视。

在人们的观念中，一提到腐败就会联想到贪污、受贿等犯罪问题，把腐败问题仅仅局限于刑事法律追究的范畴，但实际上腐败不仅仅是刑法学研究的问题，也是整个法学和政治学、社会学等其他学科共同研究的问题。由于腐败问题涉及政治、经济、社会的方方面面，其表现形式也是多种多样。从目前媒体公开披露的案例来看，我国的腐败问题涉及的主体繁多、层级覆盖广泛，上到个别国家级的领导人、省部级高级干部，下到乡镇村主任、支部书记，都不断地有腐败案件被揭露出来。腐败行为涉及面广，有政治上的用人腐败、用权腐败，有经济上的权钱交易、贪污受贿；有以“合法”形式掩盖其非法目的行为，如利用信用卡、奖券做文章，在麻将桌上送礼等，有生活方式上的腐败，表现为吃喝玩乐、挥霍公款、买别墅，完全丧失起码的生活道德；有文化上的腐败，表现为拜金主义、享乐主义、个人主义、利己主义等行为取向。还有一些地方腐败窝案层出不穷，许多大案要案涉及人数众多，令人震惊。可见，现今社会腐败现象是何等严重，对腐败的治理仅仅依靠刑法进行事后的惩处是远远不够的，需要从制度上进行预防、教育和治理，需要制定多种规章制度来规范公职人员的行为、对权力进行制约，能担此大任的非宪法莫属。

有人提出：依法反腐越深入，腐败似乎越多，腐败的增加与法治的发展成正比。这是不是说明作为法制建设基础的宪法对于反腐是无能为力的？那么，我国宪法在反腐问题中上究竟能起到什么作用？

首先，我国腐败似乎有越来越大的趋势与法治的发展之间并非“成正比”，而是相反；也不能据此推定宪法在反腐问题上是无能为力的。现在的腐败案件是不是越来越多了呢？毫无疑问，答案是肯定的。这是因为原来腐败的存量较多，也正是由于法治的加强，才将这些腐败问题揭露出来。在衡量法治对反腐的作用时，我们不能仅从腐败案件的绝对数上进行判断，应从其数量的变化上进行考察，探究腐败案件数量的变化反映的是什么，腐败产生的根源到底在哪里。这样才能正确认识法治在反腐中的作用，正确认识宪法的反腐价值。

中国自古以来就是一个德治发达而法治相对落后的国家。我国社会主义法治的发展仅有30余年，这样的法治历程如何能在国人的心目中树立起对法律的敬畏与憧憬？如果没有敬畏与憧憬的社会心理，又怎能确立和实施国家依法反腐之方略？所以，我们不能仅仅从数量层面看腐败现象的增加，而应对其进行深层分析。腐败的增加并非是法治无力导致的，而是法治发展的结果，是因为法律界定和确立了新的腐败行为，从而增加了法律打击的力度和范围。这使得原来不是腐败的现象变成了打击腐败的对象，导致从表面上看来，腐败越来越多，也造成人们误解了法治发展的效果。认为法治越发展腐败越多的人，这只是看到了事物的表象，而忽略了事物的本质。因而，认为法治对反腐无能为力的观点是站不住脚的，据此推定作为法治基础的宪法对反腐无能为力也是不能成立的。

其次，宪法作为根本大法，规定了我国的基本制度，是我国社会各项制度和规则的构建基础，它所确立的基本规则是所有领域和部门赖以行动的出发点，这也奠定了宪法在反腐问题上所具有的不可替代的地位，认为宪法不具有反腐功能或无力反腐的说法都是不科学的。

二、宪法与反腐的关系

宪法与反腐有着密切的关系。腐败是权力寻租、变异的现象。广义上的腐败是指行为主体为特殊利益而滥用职权或偏离职责的现象；狭义上的腐败仅将行为主体限制于国家公职人员[①]，这也是反腐的主要对象。腐败的滋生蔓延大则危及和破坏社会法制、破坏市场竞争的公平秩序、动摇一国的政治基础，小则影响公民家庭和个人的生活与工作。它是世界各国从建立政府以来的历史通病，是人性的私利导向本质、行政权力本身的膨胀性、社会规则的漏洞以及文化传统的影响等多种因素综合作用的结果。

新中国成立以后，经历过“整风运动”“整党运动”“反右斗争”“三反运动”“四清”“文化大革命”等多次运动，这些运动对反腐有不小作用。运动式反腐虽然成效显著，但是这种形式有易扩大性和无序性的特征，对社会政治、经济、文化基础的要求颇高，若不加以把控，极易产生偏差。所以改革开放以后我国极力提倡法治，希望通过法制建设的推进来防治腐败。进入21世纪，具有中国特色的社会主义法律体系逐渐建成，对腐败的治理则处于平缓期，主要依赖刑事法律对腐败人员进行事后惩治。十八大后，我国再一次掀起反腐的新高潮，工作力度颇大，社会反响甚好。人民群众，特别是网民，自发借助新媒体和舆论检举腐败官员，党和中央政府通过对各级政府进行纪律检查来发现和整治贪腐。有心者不难辨别，从目前的反腐现象来看，我们似又在以全民运动的方式，通过民间举报和中央高压掀起反腐风暴。运动式反腐，是对已经发现了的贪腐人员进行整治，难免有挂一漏万的情况出现；同时，对于未发生的贪腐，除了短时间的威慑之外并没有长久的防范作用。

在极力倡导法治的今天，通过法制建设，将权力关进制度的笼子，将私

---

① 刑艺凡：《反腐的宪法价值回归与实现》，《广西政法管理干部学院学报》2014 年第 6 期。

利捆绑在程序的框架内，比短期的反腐运动应当更有实效。刑事法律在长期的法制发展中已经显示出其事后处置的弊端，通过行政法对权力进行控制虽较刑法更加直接和深入，但其作为部门法调整的对象是有局限性的。宪法是一国的根本大法，具有最高法律效力，且效力能够延伸至事物发展的方方面面。从法制层面规制和防范腐败，应当从宪法进行顶层设计，通过宪法对反腐进行价值理念的倡导和制度规则的安排。

首先，《宪法》第 2 条第 1 款、第 5 条第 1 款、第 14 条第 2 款、第 27 条第 1 款等，都直接、明确地规定了廉政、廉政建设的原则和要求，为反腐倡廉指明了正确的方向。

其次，反腐本身即是对宪法权威的维护。反腐的目的是为了廉政，廉政的对立面是腐败，腐败实际上是公共权力的不正当行使，是违反宪法的，是对公民正当权利的侵犯，“从宪法学的角度讲，腐败是公共权力主体利用人民赋予、宪法授予的权力，违背宪法和法律规范，通过各种非法途径谋取私利从而损害公共权力所有者人民的利益的行为和现象”①。腐败从形式上说是对体现于法律之上的最广泛民意的直接违反，只有打击、惩治，尤其是预防腐败，保护和发展公民的各项权利和自由，给人民以实惠，宪法才能更有尊严和被推崇，预防和惩治腐败是对宪法权威和体现于宪法之内的国家政权的正当性的根本维护。

再次，反腐是廉政的必然要求。廉政符合宪法的实践理性和理论诉求。诚如学者所说：“廉政建设是我国目前面临的最迫切的政治任务。法学界不能不关心这个具有战略意义、关系着人民和国家命运的大事。”② 理论上，宪法作为“母法”，是法律体系的核心，是国家和人民一切活动的最基本、最重要的“游戏规则”，反腐倡廉如果不从宪法这一“游戏规则”上寻找依据和对策，很难想象可以找寻到治本之策。以下的事实也迫使我们不得不从宪法的角度重新思考问题：“一方面，党的领导人对反腐败斗争十分重视，做了许多深刻论述，承担具体工作的部门为推进反腐败做了大量工作；另一方面，腐败现象滋生蔓延的深层次问题始终未能从根本上解决，腐败现象仍在滋生蔓

① 刘小平：《遏制腐败——基于宪法学角度的分析》，《贵州警官职业学院学报》2002 年第 5 期。

② 孙笑侠：《法律对行政的控制》，济南：山东人民出版社，1999 年。

延，反腐败斗争形势依然严峻。”①

三、依宪反腐是由反腐败的长期性、复杂性和艰巨性所决定的

反腐败斗争具有长期性、复杂性和艰巨性的特征。为此，中国共产党提出了坚持“标本兼治、综合治理、惩防并举、注重预防”的治理方针。这种整体性的反腐思路反映在法律制度中，势必要求对权力运行的制约和监督机制做出一系列相互关联的制度安排。此等重责大任，任何部门法如刑法、行政法等都无法单独应对，必须仰仗作为根本大法的宪法。由此，只有从宪法关于权力制约的视角，在一种更宽广、更具整体性的制度和问题框架中，对惩治和预防腐败体系建设进行反思和重构，清廉政治才是可以期待的。

从提出中国梦、宪政梦，到数次强调学习宪法，最近又指出必须科学立法、严格执法、公正司法、全民守法，坚持依法治国、依法执政、依法行政共同推进，坚持法治国家、法治政府、法治社会一体建设，习近平总书记的讲话提纲挈领，直指要害：“依法治国，首先是依宪治国；依法执政，关键是依宪执政。”宪法作为国家根本大法，是所有法律中最重要的法律，是整个法律体系的精要与核心。我国所有的法律，都必须依据宪法精神制定，按照宪法原则和制度执行。因此，依宪治国不仅是依法治国的必然要求，也是依法治国的首要之义。

物有本末，事有终始，知所先后，则近道矣。改革开放30多年来，中国获得长足之进步，经济增长有目共睹，公民权利意识觉醒，政府与社会定位逐渐明确，这一切离不开法治国家的初现端倪。国家繁荣发展的进程必然会遇到各种新问题或过去被忽视的问题，这些问题集中体现在公权力对法治的破坏。比如：侵犯私有财产、私人空间的事件层出不穷；“暴力执法”“暴力拆迁”“暴力截访”四处泛滥；“因言治罪”屡见不鲜……投射在一个浅显具体的表象上就是官员贪污腐败情况变得积重难返。贪污腐败表面上是官员对金钱的占有，本质上是官员权力不受监督，任意侵犯公民与社会的权利空间，破坏了法律规则，强迫公民接受暗箱操作的程序。大家都开始清醒地认识到，宪政之路任重道远却又迫在眉睫。所谓宪政本质上应该是限政，不论一个政

① 王爱琦、王寿林：《权力制约和监督专题研究》，北京：中共中央党校出版社，2007年。

府的组织形式如何，都不得存在不受限制的最高权力。美国华盛顿大学教授丹·莱夫以宪政蕴含的法治要义来阐述宪政，他认为“宪政意指法律化的政治秩序，即限制和钳制政治权力的公共规则和制度。宪政的出现与约束国家和官员相关”。其首要的问题便是如何兑现宪法。

《宪法》第 13 条规定“国家依照法律规定保护公民的私有财产和继承权”；第 33 条规定“国家尊重和保护人权”；第 35 条规定“中华人民共和国公民有言论、出版等多项自由”；第 37 条规定“公民的人身自由不受侵犯”；第 57 条规定“全国人民代表大会是最高国家权力机关”；第 62 条规定了全国人民代表大会有 15 项职权；第 63 条有罢免国家主席、国务院总理等国家领导人的权力；第 126 条规定“法院依照法律规定独立行使审判权，不受行政机关、社会团体和个人的干涉”。我国宪法还规定了国家行政机关、审计机关、检察机关都由人大产生，对它负责，受它监督；国家的武装力量属于人民，国家中央军事委员会领导全国武装力量。以上逐条从公民权利到国家权力分配再到权力制衡，《宪法》都有清晰地表述，无不蕴藏着巨大的正能量，也为那些执着于已经找到正确道路的人指明了方向。

制度反腐的关键是依法反腐，而依法反腐的关键是依宪反腐。一方面，我们要落实宪法规定的能对反腐倡廉起作用的相关规定；另一方面，还要完善现行宪法，加强反腐败的力度。

本书首先对党的十八大以后的制度反腐取得的成就、存在的问题和解决路径进行了梳理；其次对国家机构设置与廉政建设、选举制度的完善与廉政建设、公民权利与腐败治理、宪法监督与廉政创新、我国宪法中廉政制度建设的完善等问题进行了探索；再次对宪法与党内法规的关系问题进行了研究。我国是由中国共产党绝对领导的社会主义国家，在腐败的治理领域离不开党的领导。由于中国共产党的绝对领导地位，所以我国腐败问题的治理首先应着眼于从严治党，这就要求在实行依法治腐时能正确地处理好“党内法规”与宪法和法律的关系问题。为此，本书探讨了宪法与“党内法规”的关系、宪法对执政党廉政约束的逻辑与构想等相关问题。最后，本书还探讨了外国宪法及相关法律与廉政制度的问题，以期能为我国依宪反腐提供借鉴。

第一章　制度反腐：成就与囧境

纵观世界各国反腐举措，不难发现，面临严重腐败困扰的大多数国家都倾向于以加强打击犯罪力度的方式来控制腐败的蔓延。这一治理方式看起来似乎见效快且简单易行，但弊端亦非常明显：①只有短期效应，无法长期遏制腐败的发生；②增加腐败成本（案发后面临更严厉的处罚），但并未减少腐败机会（制度上的漏洞没有得到弥补）。由此，在严惩的反腐模式下，一些握有公共权力的人，非但选择腐败，而且选择提高腐败的收益。再观新中国成立以来，历经运动反腐[①]之痛、权力反腐[②]之殇之后，于2003年中国制度反腐发轫[③]。事实证明，在法治社会里，制度是社会的神经网络。腐败，作为一种社会性公害，是制度欠缺、制度低质、制度紊乱的表征。因此，要控制腐败，必须通过制度变革、制度创新、制度完善来实现。

一、制度反腐及相关范畴

制度反腐经过几十年的酝酿和十几年的发酵，已不再是新鲜的事物。但是，对于腐败的概念及其相关范畴，由此推及相关的反腐制度的内涵与外延，在理论与实践中并未达成一致的认识。有鉴于此，有必要在此第一时间厘清腐败、制度、制度反腐这几个概念的内涵与外延。

---

① 运动反腐的最大弊端是对民主法治的巨大破坏。具体参见郝银钟：《遏制腐败犯罪新思维》，北京：中国法制出版社，2013年。

② 权力反腐的弱点是反腐倡廉事业的开展会因领导者的改变而改变，因领导者注意力的转移而转移，随意性比较大，可靠性太差，无法形成反腐败的长效机制。具体参见郝银钟：《遏制腐败犯罪新思维》，北京：中国法制出版社，2013年。

③ 2003年出台的《党内监督条例（试行）》，为制度反腐奠定了坚实的基础，具有划时代意义。在2003年，中纪委原书记吴官正在很多场合都讲到，“要把制度建设贯穿于反腐倡廉的各个环节，体现到各个方面”。因此，我们一般将2003年看作是“制度反腐”的发轫年。

（一）腐败范畴的厘定

通观国际，腐败的定义，更多是作为一个政治性术语而非法律术语来确定的。各个国家及相关组织、学者由于理论背景、价值取向的不同，对腐败及其相关概念的界定各持己见，至今仍未形成一个统一的认识与观点。

1. 相关国际组织对腐败的界定

透明国际组织将腐败定义为："公共部门中官员的行为，不论是从事政治事务的官员，还是行政管理的公务员，他们通过错误地使用公众委托给他们的权力，使他们自己或亲近于他们的人不正当地和非法地富裕起来。"① 而《联合国反腐败公约》将腐败犯罪分为9种，包括贿赂本国公职人员犯罪、贿赂外国公职人员或国际公共组织官员犯罪、公职人员贪污犯罪、公职人员挪用财产犯罪、影响力交易罪、滥用职权罪、资产非法增加罪、私营部门内的贿赂罪、私营部门内的侵吞财产罪。②

2. 西方国家对腐败的界定

英国官方将腐败界定为："腐败意味着有目的地做法律禁止的企图贪污的事，它和不诚实意义不同。"③ 而在美国，腐败是社会活动家、国务活动家、政治家、官员及所有公职人员利用职务之便进行的经济违法活动。④ 在德国，腐败被理解为对于官方职务、经济职权以及某一政治授权的滥用，这种滥用可能是由于他人的诱导也可能是出于自身意愿，但都是为了自己或第三方能获得利益而使公众利益或企业利益蒙受损失或陷于可预料的不利状况。法国预防贪污腐败中心将腐败定义为，以牟取私利为目的滥用公共或社会权力或不公正的决策行为。日本官方或学术界将腐败解释为，政治家、官僚与企业经营者等拥有公权力者滥用公共权力以获取私利、满足私欲的行为。⑤ 此外，其他各国对腐败的定义也不甚相同，因篇幅有限，在此就不一一列举。

从上述一些国际组织、国际条约及相关国家对腐败的概念界定，总结得

---

① 胡鞍钢：《腐败与发展》，《决策与信息》2004年第1期。

② 法律图书馆：http://www.law-lib.com/law/law_view.asp? id=158348，2015年8月15日访问。

③ 陈明莉：《彻底清除腐败》，《国际水力发电》2002年第4期。

④ 中国社会科学院"世界主要国家反腐败体系比较研究"课题组：《国际上关于腐败概念及其行为的界定》，http：zhshjgdw.cass.cn/Article.asp? ArtID=574，2015年8月15日。

⑤ 陈明莉：《彻底清除腐败》，《国际水力发电》2002年第4期。

出腐败包含了以下三个内容：一是从腐败与公职关系看，腐败是公职人员所做的偏离公职的行为。二是从腐败与市场关系看，腐败是政府官员将其公共职位视为一种经营活动，将其作为一种获取尽可能多的收益的资本，并付诸实践。三是从腐败与公益关系看，公职人员为了自己的利益而侵犯共同利益。

3. 我国学界的对腐败的定义

在我国，学界对腐败的定义也众说纷纭。王沪宁教授认为，腐败就是公共权力的非公共运用。林喆教授认为，腐败即是权力腐败，它特指权力职能的蜕变。杨春洗教授认为，腐败是指执政党组织和国家机关及其工作人员，包括受其委托从事公务的组织和人员，为满足私欲、牟取私利或局部利益而实施的严重违背纪律和法律，侵犯人民利益并造成恶劣政治影响的蜕化变质行为。何增科教授认为，腐败是公职人员及其工作单位运用公共权力和公共资源牟取私利的行为。

结合国内外理论界及官方的定义，我们认为，从我国的社会、法律和反腐败的实践来看，腐败是指享有和使用公共或团体权力的人没有正当地运用这些权力，不为国家、社会和团体谋福利的行为，即不廉政、不勤政，甚至贪污和侵占公共与社会利益，包括工作、生活腐化的行为。腐败通常包括政治生活腐败，如吏治腐败；经济生活腐败，如贪污受贿；思想道德腐败，如包养情妇等。这些腐败现象又集中表现为滥用权力、牟取私利、贪污贿赂、侵占公共财产、假公济私、失职渎职、生活作风腐化等行为。要正确厘清这一概念，必须理清以下三个问题：

首先，腐败行为不需以谋取私利为主观要件。诚然，腐败行为在大多情况下都具有为自己或他人谋取私利的明显表现，例如在贪污贿赂行为中，腐败主体都以谋取私利为目的。但也有相当一部分的腐败行为是不以谋取私利为目的的，比如在许多渎职侵权行为中，行为主体并不具有谋取私利的主观目的，恰恰相反，他们的行为往往具有明显的损人不利己的特征。简而言之，腐败不单指“不廉政”（即积极腐败行为），还包括“不勤政”（即消极腐败行为）。

其次，权力是腐败行为的客体而非主体。“权力导致腐败，绝对权力导致绝对腐败”这一论断致使一些学者认为，权力在腐败行为当中居主导地位，有将其主体化的趋势。诚然，权力是腐败最有效的手段，拥有权力就等于拥有腐败的资本和能力，但这并不能改变其作为腐败手段或介质的客体地位。马克思曾在《拉萨尔》中指出：“政府当局的存在正是通过它的官员、军队、行政机关、法官表现出来的。如果撇开政府当局这个肉体，它就只不过是一个影子，一个想象，一个虚名。”由此可见，徒权力无以自行。因此，反腐，不仅要管好“权力”，更要管好“人”。

最后，腐败不止于犯罪行为，还包括违纪、悖德行为。在一些人的观念中，腐败等同于职务犯罪。但我们认为，腐败作为一种社会现象，凡是在公共领域和私人领域违背社会法律、纪律和道德的行为，都应被视为腐败行为。理由如下：一是生活腐化堕落、吃喝嫖赌、思想道德低下等，这些经常是公共领域中腐败的诱发因素或社会基础，二者很难绝对地分开；二是根据刑法罪刑法定原则，由于立法本身固有的局限性和滞后性的缺点，在现实生活中，很多腐败行为还不是刑法意义上的犯罪行为或构不成刑法意义上的犯罪行为，但确属违法违纪的腐败行为，诸如公款旅游、树碑立传、政绩工程、权性交易、潜规则等，这些违法违纪的行为虽不构成犯罪，但其危害并不亚于职务犯罪行为，任其泛滥将导致政府公信力的丧失。

（二）制度反腐及相关基本范畴的界定

制度反腐中制度的设计必须围绕腐败的内涵及外延来确定。因此，随着对腐败概念的厘定，我们也应当对制度及相关的基本范畴进行界定。

1. 制度的内涵

从本体论上说，制度的存在是非常抽象的。《牛津英语词典》对制度（institution）的解释包括三个层面的含义：①一套已经建立的法律、风俗、习惯、实践、组织，或者人类政治与社会生活中的其他要素；②为了促进某些目标——例如公共事业——而建立起来的一个当局、组织或者社团；③一套为了帮助实现有组织的共同体的需求或者文明的普遍目标而建立起来规范的原则或者惯例。[①] 而在新近的制度理论研究中，有两个定义是被广泛采用的。一是约翰·赛尔（John R. Searle）的：“什么是制度？制度就是可以使得我们创造制度事实的任何被集体接受的规则系统（程序、实践）。”二是杰弗里·

① 公婷：《审计问责与腐败治理》，《公共行政评论》2010年第2期。

M. 霍奇逊（Geoffrey M. Hodgson）的："制度是一些已经建立起来的同时又嵌入在社会中的，将社会互动结构化的规则系统。"综上三个定义，制度至少包括三个层面的含义：规则、组织与行动者。

首先，规则取向的制度。必须明确的是，这里所指的规则是广义的，不仅仅包括具有法律性质的条文规定，还包括一整套社会行为规范和习俗、惯例等。并且这里的规则是通过社会传递的，而不是生物遗传，一套制度的复制与传播依赖于特定的社会文化和语言。规则要成为制度以规范人的行为，必须是被潜在编码的，而解码的标准则是由共同体的所有成员共享的一套关于这些规则的默认的和清晰的知识。

其次，组织取向的制度。制度不能仅仅是抽象地存在着。关于组织与制度的关系，杰弗里 · M. 霍奇逊的解释非常清晰："组织是具有以下特征的特殊制度：①一套建立边界以区分成员和非成员的标准；②关于谁来负责的统治原则；③一整套命令用以描绘组织内部的责任。"

最后，行动者取向的制度。制度的生成和演化不是凭空发生的，而是来自与此制度相关的行动者不断互动的过程之中。正如杰弗里 · M. 霍奇逊所说："制度依赖于个体行为，但同时又约束个体行为，并且将其模式化。通过这一积极的反馈过程，制度拥有了自我强化和自我永存的特点。"这意味着制度并不只是简单的被执行，制度一旦形成，对行动者的影响是全面的，制度会逐渐改变个体的行为模式乃至观念来为自己的存在创造基础。但这并不意味着制度在与个体的互动中是完全主动的，行动者由于面临着各种纷繁复杂的制度，不同制度之间并不总是协调的，当凝聚在同一个行动者身上的不同制度发生冲突的时候，行动者可能会在不同制度间做出选择，或者绕开制度来行动，抑或寻求改变原有制度。这样就形成了一个制度与行动者的互动过程，一方面制度会约束或增强行动者的能力，另一方面行动者又会采取不同的策略来利用或规避制度。

2. 反腐制度设计

根据曼宁的"超越强制"① 理论，真正要控制腐败必须同时满足两个条

① 在曼宁对中国乃至整个东亚腐败治理模式的研究中，曾经反复表达过一个观念，即腐败的治理一定要"超越强制"。具体参见李辉：《腐败、政绩与政企关系——虚假繁荣是如何被制造和破灭的》，上海：复旦大学出版社，2012 年。

件，一是在打击力度上更加严苛，提高腐败的成本；二是要从制度设计上逐渐弥补原有制度的漏洞，减少腐败的机会。纵观一些腐败态势比较严重的国家，制度的欠缺往往是他们的腐败难以控制甚至越反越烈的根源。而一些比较廉洁的国家，其制度往往是比较健全的。因此，反腐必须要从制度入手。

伯维春教授指出，制度反腐包括两个内容：一是通过制度严厉打击、惩治腐败；二是通过制度从源头上预防腐败。并且认为制度反腐中的“制度”至少涵盖两类制度：一是作为反腐败生态环境而存在的制度；二是为反腐败本身制定的具体制度。[①] 据此，我们认为，制度反腐应具备以下特点：①规范性。无规矩不成方圆，通过制定相关法律法规以明晰权责是必备要件。②预防性。对当前的权力运行机制进行详尽的考察，对可预见发生的制度漏洞设置预警机制和防范措施，以最大限度地减少腐败机会。③导向性。通过完善反腐败制度体系，树立正确的权力观，减少腐败机会，引导全社会向健康、规范的方向发展。④经常性。制度反腐应是对公共权力运行状况的常态性督查，它要求社会各责任主体必须将反腐置于自身的日常管理活动中，防止本部门及其工作人员滥权或怠权，确保公权力的依法行使，为公共利益服务。

需要说明的是，好的制度需要得到多数人的遵守和自觉执行，法治方能实现。因此，制度有没有被执行，执行中是否被扭曲，是制度执行的效度问题。因此，制度反腐，不应止于制度的设计，更重在良好的制度得到普遍的遵守和执行。

二、改革开放后我国制度反腐的成效

在中国，1949 年以前，我们的反腐主要靠人治，用学者李永忠的话说，1949 年以前我们反腐的载体主要是“血与火”的战争环境。[②] 1949 年之后，我国也并未直接进入制度反腐的阶段，而是历经运动反腐、权力反腐之后，才开始了制度反腐的探索之路。

---

① 参见伯维春：《制度与腐败、反腐败的相关性分析》，《东北师大学报》2009 年第 3 期。

② 孙展：《反腐学者李永忠专访：2003 年，中国制度反腐发轫》，中新网 http://www.chinanews.com.cn/n/2004-01-05/26/388137.html。

（一）党的十八大前制度反腐建设摸索前行

1. 邓小平同志关于制度反腐的思想

改革开放之初，邓小平同志强调要从法制、制度入手预防和治理腐败，依靠制度来约束干部的行为。1980 年，邓小平同志在中央政治局扩大会议上作《党和国家领导制度的改革》重要讲话时指出：“制度好可以使坏人无法任意横行，制度不好可以使好人无法充分做好事，甚至会走向反面。领导制度、组织制度问题更带根本性、全局性、稳定性和长期性。”1987 年，邓小平同志在党的十三大会议上提出，反腐倡廉还必须健全法制。1992 年，邓小平同志在南方谈话中再次强调：“在整个改革开放过程中都要反对腐败。对干部和共产党员来说，廉政建设要作为大事来抓。还是要靠法制，搞法制靠得住些。”上述邓小平同志有关反腐的讲话充分强调了制度建设的重要性，为我党的制度反腐奠定了坚实的思想基础。

2. 以江泽民同志为核心的党中央的反腐倡廉制度建设思想

党的十三届四中全会以后，以江泽民同志为核心的党中央，坚持以毛泽东思想、邓小平理论为指导，高度重视反腐倡廉制度建设，不断推进反腐倡廉工作的制度化、法制化发展。1990 年，江泽民同志在党的十三届六中全会通过的《中共中央关于加强党同人民群众联系的决定》中明确提出：“建立和完善党内监督与党外监督制度，切实加强对各级领导机关和领导干部的监督。”1991 年，江泽民同志在建党 70 周年大会上郑重提出：“从严治党，建立健全一套拒腐防变的制度，采取切实有效措施，加强党内监督和人民群众的监督，同一切消极腐败现象进行毫不留情的斗争。”1994 年，江泽民同志在党的十四届四中全会通过的《中共中央关于加强党的建设几个重大问题的决定》中提出：“必须进一步坚持和健全民主集中制，特别要注重制度建设，以完备的制度保障党内民主，维护中央权威，保证全党在重大问题上的统一行动。”1997 年，江泽民同志在党的十五大报告中强调：“坚持标本兼治，教育是基础，法制是保证，监督是关键。”2002 年，江泽民同志在党的十六大报告中指出：“一定要把思想建设、组织建设和作风建设有机结合起来，把制度建设贯穿其中。”综上所述，以江泽民同志为核心的党中央，在制度反腐建设中，积极推行制度创新，且相继出台了许多重大措施，有效地遏制了腐败的蔓延，为我国的制度反腐做好了基本的准备工作。

3. 以胡锦涛同志为核心的党中央的制度反腐建设

以胡锦涛同志为总书记为核心的党中央，继承和发展了毛泽东、邓小平和江泽民反腐倡廉思想的精神实质，在制度反腐方面注重系统化、科学化和可行性，逐步探索出了一条惩防并举、注重预防的具有中国特色的反腐倡廉建设之路。在党的十六届三中全会上胡锦涛同志明确提出："抓紧建立健全与社会主义市场经济体制相适应的教育、制度、监督并重的惩治和预防腐败体系。加强党风廉政制度建设，建设反腐倡廉的制度体系。"2003 年《中国共产党党内监督条例（试行）》的出台，为制度反腐奠定了坚实的基础。2004 年党的十六届四中全会通过的《中共中央关于加强党的执政能力建设的决定》对制度建设提出了更高要求："加强廉政法制建设，真正形成用制度规范从政行为、按制度办事、靠制度管人的有效机制，保证领导干部廉洁从政。"2005 年出台的《建立健全教育、制度、监督并重的惩治和预防腐败体系实施纲要》中明确提出："到 2010 年，建成惩治和预防腐败体系基本框架。再经过一段时间的努力，建立起思想道德教育的长效机制、反腐倡廉的制度体系、权力运行的监控机制，建成完善的惩治和预防腐败体系。"2007 年，胡锦涛同志在党的十七大报告中再次强调："坚持标本兼治、综合治理、惩防并举、注重预防的方针，扎实推进惩治和预防腐败体系建设。"2010 年《关于领导干部报告个人有关事项的规定》《关于对配偶子女均已移居国（境）外的国家工作人员加强管理的暂行规定》等规定出台，逐步完备了对党员领导干部进行监督制约的法规制度。[①]

（二）党的十八大后制度反腐建设成效显著

2012 年 11 月 15 日七个常委首次会见记者时，习近平同志提出："打铁还需自身硬。""一些党员干部中发生的贪污腐败、脱离群众、形式主义、官僚主义等问题，必须下大气力解决。"在十八届中央纪委二次全会上，习近平同志强调："要坚持老虎、苍蝇一起打，加强对权力运行的制约和监督，把权力关进制度的笼子里，形成不敢腐的惩戒机制、不能腐的防范机制、不易腐的

① 李进宏：《论改革开放以来制度反腐的探索与深化》，《理论月刊》2010 年第 4 期。

保障机制。”2013 年 7 月 8 日，习近平同志在主持中央军委党的群众路线教育实践活动专题民主生活会上强调：“要牢固树立正确的权力观、地位观、利益观。……坚决不搞特权，坚决不搞不正之风，坚决不搞腐败。”2014 年，在中国共产党第十八届中央纪律检查委员会第三次全体会议上，习近平同志指出，“要强化反腐败体制机制创新和制度保障，深入推进党风廉政建设和反腐败斗争，并强调建立健全惩治和预防腐败体系是国家战略和顶层设计”。2015 年，在中国共产党第十八届中央纪律检查委员会第五次全体会议上，习近平同志强调：“反腐倡廉建章立制要着重抓好四个方面的制度建设：一是要着力健全党内监督制度，着手修订党员领导干部廉洁从政若干准则、中国共产党纪律处分条例、巡视工作条例，突出重点、针对时弊。二是要着力健全选人用人管人制度，加强领导干部监督和管理，敦促领导干部按本色做人、按角色办事。三是要着力深化体制机制改革，最大限度减少对微观事务的管理，推行权力清单制度，公开审批流程，强化内部流程控制，防止权力滥用。四是要着力完善国有企业监管制度，加强党对国有企业的领导，加强对国企领导班子的监督，搞好对国企的巡视，加大审计监督力度。要完善国有资产资源监管制度，强化对权力集中、资金密集、资源富集的部门和岗位的监管。”此外，习近平同志还在各种场合表态：“反腐没有纸牌屋”“反腐没有休止符”等。近几年来，全党在习近平总书记的领导下，反腐工作呈现无死角、无盲区、零容忍等特点，展示出新一届党中央刮骨疗毒的决心与胆识。

三、当前我国制度反腐的囧境及其根源

“不以规矩，不成方圆。”依靠制度惩治和预防腐败，是做好反腐倡廉工作的根本路径。但是，在中国，制度反腐的历程并没有一帆风顺，相反，阻力重重、困难重重。

（一）公务员管理制度方面

1. 选人用人制度毛病多

当前我国公务员的录用是通过相对公平的考试机制完成的，但有关干部的任免基本上仍然实行从上往下的等级授权制，虽然在任用前有民主考核，

但往往流于形式，于是造成了一些善于溜须拍马而被领导喜欢的人被迅速提拔。当这一用人模式历时越长，干部慢慢会变得只会向上负责，而越来越不愿也不会向群众负责了。而一旦干部只向任命他的上级负责，就会形成上下级间人身依附的现象。长此以往，官场生态环境就会受到污染，腐败的病菌随之而生。

2. 对勤政廉政官员缺乏激励机制

心理学家马斯洛指出："人是一种不断需求的动物，除了短暂的时间外，极少达到完全满足的状况，一个欲望满足后往往又会迅速地被另一个欲望所占领。人几乎总是在希望着什么，这是贯穿人整个一生的特点。"[①] 多年来，我国在公务员管理制度上，重于打击不廉政的官员，而往往忽视对勤政廉政官员给予恰当的激励，即使有激励，也通常是精神的激励，而在物质激励方面，即使有也与其贡献完全无法匹配。于是，当这些人的合理欲望无法获得满足时，耳濡目染的官僚作风和各种主客观因素将使他们无法一贯地保持清廉勤勉。

3. 重大事项报告制度形式化

作为反腐败的重要举措，干部重大事项报告制度被证明是有效规范公务员行为的一项基本制度和国际惯例。从 1987 年王汉斌秘书长建议建立国家工作人员申报财产制度开始，到 1988 年的《国家行政工作人员报告财产和收入的规定草案》的出台，再到 2010 年的《关于领导干部报告个人有关事项的规定》出台，表明我国已初步建立了统一的干部重大事项报告制度。但在实际操作中，这项制度的发展一直障碍重重：一是来自既得利益群体的阻力。一些尚未被揭发的腐败分子，作为权力的拥有者和腐败的受益者，一直在阻碍财产申报制度的实行。二是配套制度不健全导致的制度漏洞。配套制度的不健全是导致我国干部财产申报及重大事项报告制度难以执行的主要原因。如当前实施的实名制并未覆盖所有金融领域，在市场活动中，大额现金交易活动频繁，监管困难重重；又如不动产登记制度不完备，不动产登记法迟迟未出台，财产转移难以监管。三是重大事项报告制度几乎无法可依。2006 年出台的《中华人民共和国公务员法》（以下简称《公务员法》）未对公务员财产

① ［美］马斯洛著，成明编译：《马斯洛人本哲学》，北京：九州出版社，2003 年。

申报及其他重大事项报告作出规定。2010 年的《关于领导干部报告个人有关事项的规定》虽是促进党员廉洁自律的良好制度创新，但这只是党内的自我监督而非国家的法律约束。

4. 问责制度不健全

虽然《公务员法》及相关法律法规对问责制度都做了相关规定，但规定并不完备，漏洞很多。首先，在问责制度实施中，责任人界定模糊，权责不明晰，严重影响了问责效果。其次，问责主体缺位，没有人大问责、公民问责及媒体问责。再次，问责的体制不健全，在问责执行主体上有不同的代言人，有的是上级机关行政首长，有的是专门监督机关，有的是国家权力机关，各不相同。最后，问责执行机关本身被监督或问责的问题没有解决，问责经常只是一种“运动式”运作，缺乏对问责后的跟踪管理。

（二）权力运行监督机制方面

权力是公共管理的必需品。腐败并不是权力本身的腐败，而是用权主体——人的腐败。事实证明，权力结构不科学，权力必然被滥用；权力制约不合理，以权谋私必然滋生；权力监督失效，腐败行为必然猖行。

1. 同体监督流于形式

同体监督，作为一种系统内部的监督，是指上下左右之间及专门监督之间共同形成的监督体系，包括同一行政系统内的上下级监督和同一行政层级的左右监督，简言之，即自己监督自己。虽然我国当前已经形成了一个多元化的行政监督体系，但事实上我国的同体监督往往流于形式。首先，从横向看，党政“一把手”权力无法监督的现象普遍存在。现实中，作为权力监督者的纪检干部往往是党政“一把手”的副职或下属，在此情况下，监督往往是乏力的、形式主义的。其次，主干行政监督部门之间不协调。当前我国的主干行政监督机构是各级行政监察机关、审计机构以及法制机关，但这些行政监督主体均存在不同程度上的监督权限、方式不够明确的问题，彼此之间又缺乏联系和沟通，导致监督工作难免存在交叉或者空白，有的监督工作相互推诿或者“令出多门”而无法落实，而有的监督工作却无人问津。再次，行政监督方式单一。长期以来，我国一直把监督工作的重点落在追惩性的事后监督，总是等到问题发生之后才启动监督机制，缺乏长期有效的事前监督和事中监督。

2. 异体监督动力不足

异体监督是相对同体监督而言的，指来自于行政系统外部的其他主体与监督对象之间构成的监督体系，包括社会舆论监督、第三部门监督、人民群众监督以及异地监督。一个健全的监督体系，必然是同体监督和异体监督双管齐下、同频共振的。而我国当前的监督体系不但同体监督流于形式，在异体监督方面也是明显的动力不足。

一方面，巡视制度未及基层。过去几年来，我们的反腐工作取得的重大成就，在某种意义上可以说是中央巡视组的异体监督作用的结果。中央巡视组对全国各地、各领域先进行火速侦查，然后再将其掌握的情况和信息转交有关部门深入查处，取得了重大成效。但中央巡视组只巡视省、部委、央企和一些重点高校等。而省级对地市一级的巡视，除了一些省党政主要领导比较廉洁，使其异体监督发挥了比较好的作用外，常常面临诸多障碍：首先，有些省委领导班子本身就存在“不严不实”问题，自知会“拔出萝卜带出泥”，所以其对市的巡视就会走形式、做样子。在此情形下，异体监督很难真正发挥作用。其次，虽然有些地方领导比较廉洁，但因其自身能力不足，其所选派的巡视组也就很可能不得力。再次，有些领导喜欢“和稀泥”，采取“既不靠前站，也不往后站”的行为模式，巡视也只能是走过场。需要说明的是，目前我国还没有地市对县的巡视制度。

另一方面，群众监督乱象。学者李永忠指出，影响基层腐败治理效果的一个至关重要的因素是老百姓的参与程度。① 随着我国制度反腐的不断推进，群众监督已经成为新时期人民群众行使民主权利的重要形式。但其所固有的一些缺陷仍然存在。一是监督的主动性不足。由于我国群众的总体文化素质不高，导致很多群众都不会使用个人基本权利参与国家和社会的政治生活、影响政府决策。二是监督的积极性较弱，不愿意、不敢监督现象明显。一方面，部分领导干部自视甚高，不支持、不重视群众监督，更不愿意、不习惯接受群众监督，从而影响群众监督的积极性；另一方面，相对于公权力而言，群众监督本就处于弱势地位，对群众监督的保护机制的不健全使群众不敢监

① 刘建：《“苍蝇式”腐败治理突破口——访资深制度反腐专家李永忠》，《人民论坛》2014 年第 11 期。

督。三是群众监督渠道不畅。渠道畅通与否是群众监督有效性的关键所在。一方面，人民群众虽然能够在一定程度上接触到领导干部，但由于群众个体素质水平普遍较低，对行政行为、效能、政策规定的理解参差不齐，获取信息相对较少，准确性相对较差；另一方面，政务透明度不够，群众和政府之间的信息传递不畅。四是群众监督处置不力。群众监督处置力度的大小，是提高群众监督有效性的根本保证。当前我国纪检监察部门受理案件多、处理案件少、处理结果公开性不够现象的存在，等表明我国群众监督处置不力的形势依然较为严峻。

（三）依法治腐机制方面

1. 反腐败立法上的滞后

良法是善治之前提，反腐立法是依法治腐的基础。我国反腐败立法虽然取得重大进展，但仍有如下立法滞后的表现：一是反腐败基本法律缺位。如《国家公职人员财产申报法》《重大决策程序法》等尚未出台。尤其是缺乏《国家反腐败法》这一总法，致使我国建设廉洁政治在指导思想、基本原则、主要目标、基本内容、管理机构、职责权限、责任追究等重大问题上目前还缺乏法律支持。二是现有法律系统性不强。虽然近年来我国在制定和修改相关法律时，增加了一些反腐条款，但其大多散见于相关法律之中，过于分散，缺乏统一性。三是配套的法律法规制度滞后。例如，针对党员干部收受“红包”及购物卡的处理仍以行政违纪处分为主。又如领导干部的重大事项报告制度虽已实行十多年，但由于没有相应的检查核实制度，造成即使有重大事项不报告也难以追责。四是党内法规制度不够完备。自 2003 年以来，中共中央针对党的思想建设、组织建设、作风建设、反腐倡廉建设、民主集中制建设等，先后出台了《中国共产党纪律处分条例》《中国共产党巡视工作条例》以及《中国共产党党员领导干部廉洁从政若干准则》等一系列党内法规，虽说取得了一定的进步，但有些条款尤其是针对党的反腐倡廉建设方面，仍存在“一刀切”、不够周延等问题，仍需进一步修订完善。

2. 惩治腐败“厉而不严”

根据储槐植教授的说法，“厉而不严”的刑事政策，指的是刑罚苛厉而刑事法网不严密。[①] 具体表现为：一是“厉”的方面。我国现行刑法对腐败的惩处呈现出重罚化的特点。首先是与其他国家相比，我国刑法关于贪污贿赂犯罪中死刑、无期徒刑和有期徒刑的规定，都显示出我国当前对腐败行为进行惩罚的严厉程度。其次是立案标准低，对于贪污贿赂犯罪，5 000 元的立案标准与当前的市场经济环境严重不匹配。二是“不严”的方面。首先是刑法规制范围不严。例如，将贿赂罪的对象限定为财物，以致性贿赂及其他非财产性利益的贿赂等无法纳入刑法的规制范围。又如在司法实践中，对“为他人谋取利益”作为收受型受贿罪的成立要件以及“为谋取不正当利益”作为行贿罪的主观要件这两个问题的认识一直不统一，致使在这两个问题上各地司法实践出入甚大。其次是法定刑幅度过大。在《中华人民共和国刑法》（以下简称《刑法》）修正案（九）颁布之前，对贪污受贿罪的量刑均以数额为标准，如《刑法》第 383 条第 3 款规定个人贪污数额在五千元以上不满五万元的，量刑幅度是一年到七年，情节严重的，量刑幅度是七年到十年。诚然，过大的法定刑幅度赋予了法官过大的自由裁量权，极易导致量刑不公。《刑法》修正案（九）对《刑法》有关贪污贿赂犯罪的条文进行了完善，修改了贪污罪和受贿罪的定罪量刑标准，不再单纯以具体的数额作为定罪量刑标准，而是将犯罪的情节和数额综合作为定罪量刑标准。

3. 预防腐败是“短板”

预防腐败的制度建设，是从源头上防止腐败的根本路径，也是我党一直在实践中不断研究和探索的问题。但总体来看，我国当前的预防腐败机制仍存在缺陷：一是立法缺位。虽然我国目前各地都在探索预防腐败机制的立法之路，一些先行的省（如广东、河南等）甚至地级市（如广东的珠海、汕头）已经率先出台了“预防腐败条例”，但全国性的“预防腐败条例”尚未出台。另外，这些地方性的“预防腐败条例”除具有地方特色外，或偏重于道德约束，或机械化地“一刀切”，或立法笼统、涵盖不全，导致可操作性不高。二是预防腐败机构地位不明确。2007 年 9 月 13 日，我国正式成立了国家预防腐败局，隶属国务院直属机构，负责全国预防腐败工作的组织协调、综合规划、政策制定、检查指导，是中国第一次设立的国家级预防腐败专门机

① 储槐植：《刑事一体化论要》，北京：北京大学出版社，2007 年。

构。而各地方则是在检察院内设预防腐败局。因此，中央和地方的预防腐败局难以统一，工作难以协调。此外，各地方的预防腐败局与反贪局的关系也很不一样，有些是归同一个领导分管，有些是归不同的领导分管，还有的保留预防科的设置，隶属于反贪局，这些现象都给预防腐败工作造成了不同的障碍和弊端，如归不同领导管的，个案预防基本无法开展；归同一个领导管的，往往被抽调做反贪工作，预防工作流于形式等。三是社会预防过于量化，个案预防工作流于形式。当前，我们的预防腐败工作提出了社会预防与个案预防相结合的理念，但具体到实际工作中，两方面的预防工作都难以见效。首先，社会预防由于用工作量化考核等形式开展，使得其工作量特别巨大，但收效甚微。其次，由于预防腐败局的设置以及反贪工作与预防工作的衔接等问题，使得个案预防难以开展等。

此外，法律的生命力在于实施，法律的权威也在于实施。现有的反腐败法规执行不力和落实不到位，严重影响了反腐败效果。已有的国家反腐败法律以及党内法规制度，把领导干部应当干什么、不能干什么规定得一清二楚，为什么还会出现“前腐后继”？为什么在党的十八大之后高压反腐背景下还有人敢顶风违纪？要害是反腐败的法律法规与党纪党规没有得到彻底贯彻落实，法律和制度执行不力。

四、探索突破制度反腐囧境之路径

（一）完备反腐立法

如前所述，我国腐败猖獗的一个重要因素是现有法律的不尽完善。法治首先必须是良法之治。因此，必须不断完善反腐立法，建立健全的反腐法律体系，才能在反腐过程中把握主动权，并拥有治理腐败的有力根据。具体包括：

1. 在《宪法》中增设反腐败的条款

要实现依法治国、依宪治国，首先必须要依宪反腐。相关数据表明，很多廉政建设成功的国家在宪法中都专门规定了国家公职人员的职责、任职要求以及制裁腐败行为等内容，以作反腐的指导思想和法律依据。反观我国宪法目前尚没有关于反腐败的规定。为此，有学者认为，我国也应像“民主集中制”“依法治国”等的提法一样明白无误地规定反腐败的内容和精神。[①] 我们建议在《宪法》的总纲、序言和分则中增加有关廉政建设和反腐败的条款。

2. 制定国家反腐败法

首先，制定一部专门的国家反腐败法是推进法治反腐的关键，其终极目标是实现反腐常态化、法治化，把权力关进制度的笼子里，以维护国家和公众利益。我国关于反腐的规定，散落在《公务员法》《刑法》等部门法以及党内法纪中，缺乏系统性。制度散落，难以产生一加一等于二的效果，如果规定之间相互不协调，或者出现盲区，甚至还会出现一加一小于二的负效应。其次，从国际上看，各国反腐手段形形色色，不管采用哪一种形式，一部反腐败法必不可少。再次，法律需要统一、公正、高效、权威，尤其对反腐来说，必须建立监督权力运行全程的法律制度，必须保证反腐的科学性与系统性，必须站在国家层面立法让反腐无死角。显然，这就需要一部反腐败法，构成国家反腐败法律体系的基础。

3. 完善相关配套法规

反腐立法是一个系统性工程，反腐法治的配套法规主要包括行政反腐与刑事反腐两个系统。在行政反腐法治方面，当前我国立法机关应加快制定包括公职人员财产申报法、政务公开法、行政组织法、行政程序法等，以配合国家反腐败法规定的实施。在刑事反腐的法治建设方面：首先，要重新界定腐败犯罪的界限。《联合国反腐败公约》较之我国《刑法》规定的腐败范围更为广泛，为更好地与《联合国反腐败公约》衔接，应扩大我国腐败犯罪的界限。其次，现实中贿赂形式日趋复杂化，出现了性贿赂、信息贿赂等新型的贿赂方式，造成司法上的困境。因此，需要修改有关贿赂罪的条文规定，将其他财产利益和非财产利益纳入贿赂罪的规制范围。再次，在反腐刑事法治程序方面，需要引入特殊侦查措施。当前腐败案件的犯罪手段呈现多样化、智能化和隐蔽化的特点，家族腐败、情妇腐败等新型腐败现象，对侦查工作提出了更高的要求。根据国外反腐工作的成功经验，我国应当扩大技术侦查措施在腐败犯罪中的适用范围。

4. 立法规制网络反腐

当前网络反腐越来越受到广泛关注，许多腐败分子正是在网络反腐的浪

---

① 高飞：《反腐倡廉法制化对策之管见》，《探索》2003 年第 2 期。

潮中倒下的。例如，落马官员雷政富不雅视频一案。2012 年 11 月 20 日该视频被曝光在人民监督网上，11 月 23 日重庆市人民政府新闻办通过官方微博发布公告，承认互联网流传有关不雅视频中的男性为北碚区委书记雷政富，并表示免去雷政富北碚区委书记职务，并对其立即立案调查。回顾案件始末，人们谓之“网络反腐”才是一把真正“尚方宝剑”，速度之快、成效显著。然而，网络反腐同样是一把双刃剑，网络反腐存在的三大弊端不容忽视。一是具有无序性。由于我国的公民整体素质不高、辨别能力不强，谣传误信的事时有发生。二是具有不确定性。由于互联网的空间特性，对网络上发表的言论和证据收集、甄别、追责的工作量和难度相当大。三是具有不良性。网络反腐大部分靠文字、照片、视频等，从这些途径“揪”贪官，容易流于表面化。综上所述，网络反腐的负面影响极容易伤及社会的正常秩序。“不以规矩，不成方圆”，必须将网络反腐纳入法治化、制度化的常规机制。

（二）规制权力以构建法治政府

预防腐败是我国制度反腐中的“短板”，根源就在于政府及其公务人员在代表人民行使权力时，权力不设边界，权力监督不力。为此，规制权力以构建法治政府是反腐的重中之重。有鉴于此，党的十八届四中全会作出了“深入推进依法行政，加快建设法治政府”的战略部署，提出“加快建设职能科学、权责法定、执法严明、公开公正、廉洁高效、守法诚信的法治政府”。结合我国具体的国情，现阶段法治政府的构建，我们认为应做好如下工作：

1. 让权力看得见

党的十八届三中全会提出，“要推行地方各级政府及其工作部门权力清单制度，依法公开权力运行流程”。十八届四中全会进一步提出，“推行政府权力清单制度，坚决消除权力设租寻租空间”。从此，权力清单制度进入公共话题的讨论视野。所谓权力清单就是对于各级政府及其各个部门权力的数量、种类、运行程序、适用条件、行使边界等予以详细统计，形成目录清单，为权力划定清晰界限。[①] 简而言之，清单所涵盖的范围就是政府权力的合法行使范围，清单以外是政府权力不能随意进入的范围。具体来说，权力清单制度

---

① 胡税根、徐靖芮：《我国政府权力清单制度的建设与完善》，《中共天津市委党校学报》2015 年第 1 期。

主要包含了两层含义：一是确定权力界限。即政府权力的范围以及政府权力的运行机制，应用清单的形式固定下来并公之于众，并明确规定“法无授权，即不可为”。二是以公开为原则、不公开为例外。权力决策和运行的过程，除涉及国家机密和依法受到保护的商业秘密及个人隐私外，都应主动向社会公开，自觉接受人民群众和新闻媒体的监督，将权力置于阳光之下，以推动权力运行的公开化、透明化、规范化。

2. 让监督管得着

如前所述，我国的权力监督机制存在“同体监督流于形式，异体监督动力不足”的弊端。需要指出的是，当前大多研究只是泛泛指出同体监督存在的弊病和异体监督的优越性，简单地认为要让异体监督取代同体监督，继而提出推进异体监督的对策和建议。对此，我们认为欠妥。在我国现实的政治制度中，同体监督和异体监督无疑都是必要且可行的。一方面，同体监督作为政府的自我净化机制具有独特的优势；另一方面，异体监督提供了权力监督的宏观框架，并对政府内部的监督具有监管和督促作用。现实的问题在于，如何摆正两者位置，发挥各自的功能和优势，共同实现对政府及其公务人员及时有效的监督。具体而言，应解决以下问题：政府官员应当向谁负责，谁来对他们进行监督，如何保障监督者的权能，对监督者如何激励使其行动起来。只有解决好这些问题，行政监督制才能得到更具实质性的发展。为此，我们认为，可以从以下两方面着手：

（1）同体监督“异体化”。

同体监督“异体化”，即指监督者以“异体”的身份行使对本部门的权力监督，以便使监督者自身的利益不会因为监督而受到监督对象的制约，从而能够独立公正地行使监督权。具体而言，要做到：①增强专门监督机构的身份独立性。我国目前的专门监督机构都是实行双重领导体制，在业务上他们接受的是上级主管机关的领导，而在人事及经费上受本级权力部门领导。可见，他们实际上是以本级权力部门领导为主，要行使监督权，无疑是“以下犯上”。因此，要让专门监督机构能够顺利有效地行使监督权，就应当变双重领导体制为垂直领导体制，使监督者无论业务还是人事及经费仅接受本系统上级机关的领导和安排。②保障专门监督机构人员的基本权益。具体而言，就是保障专门监督机构人员的薪酬和福利待遇不与本部门利益挂钩，其配偶及子女的基本权益不因其行使监督权而受到负面影响。如此，他们便能无后顾之忧地开展监督工作。

（2）异体监督“实体化”。

异体监督“实体化”，是指外部的各种监督者的权威和利益必须得到充分的保障，以便监督者能够名副其实地对监督对象进行有效的监督。其具体措施有：首先，监督者身份“实体化”。当前，除了人大、政协和司法机关等异体监督主体，有关法律法规有明确规定其监督者的名分与地位之外，像新闻媒体、社会组织和人民群众这三类异体监督主体法律法规对其监督名分与地位是缺乏明确规定的。因此，应从法律上对其权力监督主体的身份地位、组织程序、保障措施等做出明确规定。其次，监督者的权力“实体化”。其主要措施有：一是在人大代表的数量上，增加各行业专业人士、社会团体和普通民众代表的比例，真正发挥其监督权；二是增强司法独立性，党政领导不应干预司法案件的审判。再次，监督渠道“实体化”。具体措施有：在充分利用原有的监督渠道的基础上，拓宽新的监督渠道。除信访外，实行领导接待日、出台重大决策前进行民意调查或举行听证会等都是切实可行、行之有效的监督举措。另外，我们应该充分利用网络资源，在将网络监督纳入法制化规范管理的前提下，充分发挥网络监督高效便捷的监督作用。

（三）建立长效的反腐惩戒机制

如前所述，我国当前的反腐惩戒机制呈现出“厉而不严”的特点，对此，许多学者开始借鉴境外反腐的实践经验，主张采用“严而不厉”的反腐惩戒机制，并且认为“严而不厉”是刑事政策模式的最优选择，契合了刑罚轻缓化的发展趋势，符合贪污贿赂犯罪本身的特点。我们认为，鉴于我国当前腐败的“出生率”仍高于“死亡率”，处于腐败高发期这一形势所迫，我国现阶段的反腐惩戒机制必须“又严又厉”。具体路径如下：

1. 提高查处率，降低腐败黑数

当前，我国反贪侦查部门在执法能力、办案装备、侦查手段等方面已不能适应腐败形势的发展，其中尤为突出的问题是，由于我国立法迟迟未赋予侦查机关特殊侦查的权力，导致我国在许多必须借助特殊侦查手段才可能及时侦破的腐败案件无计可施，所幸 2012 年修改的《中华人民共和国刑事诉讼法》（以下简称《刑事诉讼法》）首次将其定义为“技术侦查措施”并规定了使用种类、使用主体及其证据力。需要说明的是，《刑事诉讼法》第 148 条第 2 款规定“根据侦查犯罪的需要，经过严格的批准手续”，往往使审批人持谨慎态度，在通过普通侦查手段不能侦破案件之后才使用特殊侦查手段。但侦查实践中有时需要优先使用特殊侦查措施，比如卧底侦查，犯罪行为与侦查活动是同步的，此时必须前瞻性地使用卧底措施。然而，特殊侦查措施毕竟是双刃剑，一旦使用不当则容易损害当事人权益。因此，要出台具体规定让法律规范限制审批人审批时的主观片面性。

2. 公平、严格执法，反腐无死角

公平、严格执法是遏制腐败犯罪最有效的手段之一。现实中，因贪腐之人的主体身份特殊，“关系网”广，并且说情者活动能量大，所以对于腐败犯罪人“同罪异罚”或“异罪同罚”的情况是屡见不鲜。有鉴于此，反腐要实现公平、严格执法，就必须规范司法人员自由裁量权的行使要求，对所有腐败分子，不论职务高低，都应依法追究其刑事责任，防止和反对以权压法，以情乱法，以钱买法，以功抵罪。

3. 加强国际合作

在全球化背景下，腐败犯罪往往带有“溢出性”的特点，要么是在国际交往中发生腐败行为，要么腐败犯罪分子逃往国外或将赃款赃物转移至国外。如此背景下，对建立长效的反腐惩戒机制必然呼吁更多的国际合作。十八大以来，我国加大了海外追逃追赃的力度，通过国际合作将一批腐败分子缉捕归案，并在跨国追赃方面取得了较大突破。但虽战果显著，细究之下，国际反腐合作中我们仍有不少难题亟待解决。首先，完善国际反腐合作的国内法。我国目前除《中华人民共和国引渡法》（以下简称《引渡法》）外，有关其他类型国际司法合作的法律几乎空白。譬如，我国目前有关国际刑事司法协助的内容分散在刑诉法司法解释以及一些内部规定上。对外国刑事判决的承认与执行方面，也需在立法上有所突破。其次，加强司法国际合作。目前，我国追逃追赃国际合作的多属普通法国家，而我们对这些国家的刑事司法制度缺乏全面深入的了解，对此，需要组织学者、实务专家加大研究。同时，有关职能部门运用司法协助条约、引渡条约开展国际合作的能力也需加快提升。

第二章　完善国家机构设置：履行依宪反腐之职责

腐败是现代社会的一大公害，它不断地毒化与腐蚀着我们的社会风气，有识之士为此对国家和民族的前途深感忧虑。党的十八大报告提出坚定不移地反对腐败，指出“反腐倡廉必须常抓不懈，拒腐防变必须警钟长鸣”。新的领导班子履职以来，反腐败的力度也得到了空前的加强，但是，根治腐败不能仅仅依靠个别领导人的强力反腐来实现，更要依靠制度建设，建立起反腐倡廉的长效机制。党的十八大报告指出：“（要）深化重点领域和关键环节改革，健全反腐败法律制度，防控廉政风险，防止利益冲突，更加科学有效地防治腐败。”在反腐败的制度建设方面，国家机构的建设起着举足轻重的作用。

在反腐败的机构方面，党的纪律检查机构是一支非常重要的力量，由于本书主要是从宪法的角度去探索反腐败的问题，因此，党的纪律检查机构不列入本章的研究范畴。

一、我国目前反腐败的国家机构概述

我国目前与反腐败有关的国家机构包括权力机关、行政机关和司法机关三个方面：权力机关的反腐败职能主要体现在建章立制方面，行政机关的反腐败职能主要体现在对国家机关及其工作人员进行经济、行政的监督方面，司法机关堪称反腐败的最后一道屏障，其主要职能体现在依法追究腐败人员的法律责任。三类机关在反腐败方面各司其职，各负其责。

（一）国家权力机关与反腐败

在我国国家机构体系中，人大及其常委会处于非常重要的地位。根据我国《宪法》，“全国人民代表大会是最高国家权力机关，它的常设机关是全国人民代表大会常务委员会”。全国人民代表大会行使的权力中，有几项与反腐败有着密切联系。

首先，全国人大有权制定和修改刑事、民事和其他基本法律，在这些基本法律中，很多是与反腐败有关的法律。这些法律主要包括以下几个方面：

1. 关于国家工作人员贪污受贿方面刑事责任的规定

这些规定主要体现在刑法中，《刑法》第八章、第九章有关贪污贿赂犯罪和渎职犯罪的规定，为我们国家对腐败行为追究刑事责任提供了强有力的法律支撑。如《刑法》第383条规定，对犯贪污罪的，根据情节轻重，分别依照下列规定处罚：

（1）贪污数额较大或者有其他较重情节的，处三年以下有期徒刑或者拘役，并处罚金。

（2）贪污数额巨大或者有其他严重情节的，处三年以上十年以下有期徒刑，并处罚金或者没收财产。

（3）贪污数额特别巨大或者有其他特别严重情节的，处十年以上有期徒刑或者无期徒刑，并处罚金或者没收财产；数额特别巨大，并使国家和人民利益遭受特别重大损失的，处无期徒刑或者死刑，并处没收财产。

对多次贪污未经处理的，按照累计贪污数额处罚。

犯第一款罪，在提起公诉前如实供述自己罪行、真诚悔罪、积极退赃，避免、减少损害结果的发生，有第一项规定情形的，可以从轻、减轻或者免除处罚；有第二项、第三项规定情形的，可以从轻处罚。

犯第一款罪，有第三项规定情形被判处死刑缓期执行的，人民法院根据犯罪情节等情况可以同时决定在其死刑缓期执行二年期满依法减为无期徒刑后，终身监禁，不得减刑、假释。

2. 有关反腐败机构设置及其权力运作方面的法律

主要体现在《中华人民共和国行政监察法》（以下简称《行政监察法》）、

《中华人民共和国审计法》（以下简称《审计法》）等法律中。《行政监察法》第 1 条规定：“为了加强监察工作，保证政令畅通，维护行政纪律，促进廉政建设，改善行政管理，提高行政效能，根据宪法，制定本法。”这充分表明了该法的反腐功能。《审计法》第 1 条规定：“为了加强国家的审计监督，维护国家财政经济秩序，提高财政资金使用效益，促进廉政建设，保障国民经济和社会健康发展，根据宪法，制定本法。”这充分体现了该法的反腐价值。

3. 其他法律中关于国家工作人员玩忽职守，徇私舞弊等方面的法律责任的规定

这方面的规定有很多，如《中华人民共和国行政许可法》（以下简称《行政许可法》）第 73 条规定：“行政机关工作人员办理行政许可、实施监督检查，索取或者收受他人财物或者谋取其他利益，构成犯罪的，依法追究刑事责任；尚不构成犯罪的，依法给予行政处分。”《中华人民共和国行政处罚法》（以下简称《行政处罚法》）第 58 条规定：“行政机关将罚款、没收的违法所得或者财物截留、私分或者变相私分的，由财政部门或者有关部门予以追缴，对直接负责的主管人员和其他直接责任人员依法给予行政处分；情节严重构成犯罪的，依法追究刑事责任。执法人员利用职务上的便利，索取或者收受他人财物、收缴罚款据为己有，构成犯罪的，依法追究刑事责任；情节轻微不构成犯罪的，依法给予行政处分。”

总之，在立法方面，全国人大及其常委会可以通过反腐立法的工作，以形成完整的反腐败法律体系，确保对权力运行的制约和监督，使官员心存不敢贪腐的畏惧心理，真正从法制的角度把权力关进制度的铁笼子里。

在全国人大的职权中，还有一项也与反腐败工作有着密切的联系，那就是有关人员的任免以及对反腐败的法律机关最高人民检察院工作的监督。

《宪法》第 67 条的规定，全国人民代表大会常务委员会具有监督国务院、中央军事委员会、最高人民法院和最高人民检察院的工作的职权。最高人民检察院是我国反腐败的一个重要机构，它的主要任务是领导地方各级人民检察院和专门人民检察院依法履行法律监督职能，保证国家法律的统一和正确实施。对腐败案件的查处是人民检察院的一项重要工作职责。最高人民检察院每年都要向全国人民代表大会做工作报告，关于反腐败工作是其中一个非常重要的内容，这一内容尤为引人关注。其反腐败工作的成效直接影响到得

票率的高低。另外，最高人民检察院曾于1989年10月25日和2013年10月22日向全国人大常委会作反贪污贿赂工作情况报告。人大常委会的这一举措，也积极地呼应了中央领导层所展示的巨大反腐政治决心。当然，我们也期待这种报告能够制度化、常态化。

其次，地方各级人民代表大会及其常务委员会也在反腐败工作中担负着重要的职责。根据《宪法》和《中华人民共和国地方各级人民代表大会和地方各级人民政府组织法》（以下简称《组织法》）的规定，地方各级人民代表大会及其常务委员会有权选举和罢免本级人民政府的省长和副省长、市长和副市长、县长和副县长、区长和副区长、乡长和副乡长、镇长和副镇长。有权选举和罢免本级人民法院院长和本级人民检察院检察长。对于涉及贪腐行为的政府领导人，地方各级人民代表大会及其常务委员会有权进行罢免，这是对国家反腐败工作的强有力支持。此外，部分地方人大有权制定地方性法规，在地方反腐立法方面发挥重要的作用。

（二）国家行政机关与反腐败

在我国国家行政机关的结构体系中，与反腐败有最密切联系的机关主要有监察机关和审计机关。

1. 监察机关

行政监察机关隶属于各级人民政府，是各级人民政府行使监察职能的机关，是管理行政监察事务的行政机关。行政监察工作是国家行政管理的重要内容和必要环节，也是国家机关内部监督的重要形式。为了保证行政监察职能正确的实现，国家在政府系统设立监察机关，依法对国家行政机关、国家公务员以及国家行政机关任命的其他人员实施监察，以改善和加强行政管理，提高行政效能，促进廉政建设，保障社会主义建设事业的顺利发展。

《行政监察法》对各级监察机关的职能做了具体的规定，该法第15条的规定，国务院监察机关负责对国务院各部门及其公务员、国务院及国务院各部门任命的其他人员、省、自治区、直辖市人民政府及其领导人员实施监察。第16条的规定，县级以上地方各级人民政府监察机关负责对本级人民政府各部门及其公务员、本级人民政府及本级人民政府各部门任命的其他人员、下一级人民政府及其领导人员实施监察。根据第18条的规定，监察机关的职责主要有：①检查国家行政机关在遵守和执行法律、法规和人民政府的决定、命令中的问题；②受理对国家行政机关及其公务员和国家行政机关任命的其他人员违反行政纪律行为的控告、检举；③调查处理国家行政机关及其公务员和国家行政机关任命的其他人员违反行政纪律的行为；④受理国家行政机关公务员和国家行政机关任命的其他人员不服主管行政机关给予处分决定的申诉，以及法律、行政法规规定的其他由监察机关受理的申诉；⑤法律、行政法规规定由监察机关履行的其他职责。另外，监察机关还应该按照国务院的规定，组织协调、检查指导政务公开工作和纠正损害群众利益的不正之风工作。监察机关发现行政机关及其工作人员有违纪行为，可以提出监察建议，在履行职责的过程中，发现有贪腐行为，应该移送有权机关进行处理。

2. 审计机关

审计，是由专设机关依照法律法规对所有作为会计单位的中央和地方的各级财政部门、中央银行和国有金融机构、行政机关、国家的事业组织、国有企业、基本建设单位等的财政预算、信贷、财务收支和决算，以及与财政财务收支有关的经济活动及其经济效益进行审查和监督的活动。

审计是国家发展到一定历史阶段的产物，它的产生是帝王和国家监察各级官吏经济责任履行情况的需要。早在西周时期，就有了从事审计工作的机构，西周负责审计工作的官职称为“宰夫”。“宰夫”在整个国家政权组织机构中的地位比较低。秦汉时期，中央机构的主要官吏是三公和九卿。其中御史大夫是全国最高监察长官，执掌监察，协助丞相处理全国政务并兼理审计。隋唐时期，实行“三省六部”制。在刑部之下设立了比部。比部独立于其他财计部门，专司审计监督工作，具有一定的独立性。另外，御史大夫也兼管一些财计稽察和审计工作，形成了一套完备的审计监督系统。中国历史上，专门审计机关的设立始于宋代。当时，作为当时京都的开封就有了审计院，这可以说是中国最早的审计机关，也可以说是世界上最早的专门从事审计工作的机关。

新中国成立以后，在很长的一段时间里，由于种种原因，我国审计没有单独建制，审计监督是寓于财政、财务和监察工作之中的，由财政和监察等部门负责财政预算决算的审查和预算执行的监督，检查和处理各部门、各单位违反财经纪律等问题。根据《宪法》第91条的规定，我国于1983年9月

15日正式成立审计署，作为国务院的组成部门，主管全国审计工作。1994年8月31日，第八届全国人民代表大会常务委员会第九次会议通过《中华人民共和国审计法》（以下简称《审计法》），并于2006年2月进行了修正。

根据《审计法》，审计机关对本级各部门（含直属单位）和下级政府预算的执行情况和决算以及其他财政收支情况，进行审计监督；对国家的事业组织和使用财政资金的其他事业组织的财务收支，进行审计监督；对国有企业的资产、负债、损益，进行审计监督；对国有资本占控股地位或者主导地位的企业、金融机构进行审计监督；对政府投资和以政府投资为主的建设项目的预算执行情况和决算，进行审计监督；对政府部门管理的和其他单位受政府委托管理的社会保障基金、社会捐赠资金以及其他有关基金、资金的财务收支，进行审计监督；对国际组织和外国政府援助、贷款项目的财务收支，进行审计监督；对国家机关和依法属于审计机关审计监督对象的其他单位的主要负责人，在任职期间对本地区、本部门或者本单位的财政收支、财务收支以及有关经济活动应负经济责任的履行情况，进行审计监督。审计机关在国家廉政建设中，发挥着重要的作用。根据《审计法》的规定，被审计单位如有转移、隐匿、篡改、毁弃会计凭证、会计账簿、财务会计报告以及其他与财政收支、财务收支有关的资料，或者转移、隐匿所持有的违反国家规定取得的资产等违法行为的，审计机关认为对直接负责的主管人员和其他直接责任人员依法应当给予处分的，应当提出给予处分的建议，被审计单位或者其上级机关、监察机关应当依法及时做出决定，并将结果书面通知审计机关；构成犯罪的，应当移交司法机关，依法追究其刑事责任。被审计单位的财政收支、财务收支违反国家规定，审计机关认为对直接负责的主管人员和其他直接责任人员依法应当给予处分的，应当提出给予处分的建议，被审计单位或者其上级机关、监察机关应当依法及时做出决定，并将结果书面通知审计机关。被审计单位的财政收支、财务收支违反法律、行政法规的规定，构成犯罪的，应当依法追究刑事责任。

3. 国家预防腐败局

国家预防腐败局是我国政府为统筹预防腐败工作，于2007年9月专门设置的机构。其主要职责是：负责全国预防腐败工作的组织协调、综合规划、政策制定、检查指导；协调指导企业、事业单位、社会团体、中介机构和其他社会组织的防治腐败工作；负责预防腐败的国际合作和技术援助。

成立国家预防腐败局是坚持反腐倡廉的战略方针，构建惩治和预防腐败体系的需要，也是我国履行《联合国反腐败公约》（以下简称《公约》）的需要。2005 年 10 月，十届全国人大常委会审议并批准了《公约》。该《公约》第 6 条“预防性反腐败机构”规定：

一、各缔约国均应当根据本国法律制度的基本原则，确保设有一个或酌情设有多个机构通过诸如下列措施预防腐败：

（一）实施本公约第五条所述政策，并在适当情况下对这些政策的实施进行监督和协调；（二）积累和传播预防腐败的知识。

二、各缔约国均应当根据本国法律制度的基本原则，赋予本条第一款所述机构必要的独立性，使其能够有效地履行职能和免受任何不正当的影响。各缔约国均应当提供必要的物资和专职工作人员，并为这些工作人员履行职能提供必要的培训。

三、各缔约国均应当将可以协助其他缔约国制定和实施具体的预防腐败措施的机关的名称和地址通知联合国秘书长。

因此，设立专门预防腐败机构就成为我国履行《公约》的一项组织措施。

国家预防腐败局是国务院直属机构，负责全国的预防腐败工作，在监察部加挂牌子。局长由监察部部长兼任，设副局长两位，其中一位由监察部副部长兼任，另设一位副部长级专职副局长主持日常工作。国家预防腐败局下设办公室作为办事机构，承担日常工作。

除了以上专门的监督机关以外，我国上级行政机关对下级行政机关也具有监督的职权，上级行政机关有权监督下级行政机关依法行使职权，有权撤销下级行政机关不合法和不合理的具体行政行为，这种工作上的监督也能够在一定程度上体现出反腐败的价值。

（三）国家司法机关与反腐败

我国司法机关主要包括人民法院和人民检察院。司法机关在我国反腐败工作中担任着非常重要的角色，是我国反腐败工作中最为重要的一环。行政机关对腐败分子的查处只是反腐败工作的第一步，是基础性的工作。对于涉嫌犯罪的腐败分子，最终还是要移交司法机关以对其追究刑事责任。

1. 人民检察院

人民检察院是我国的法律监督机关，《宪法》第129条规定："中华人民共和国人民检察院是国家的法律监督机关。"我国设立最高人民检察院、地方各级人民检察院和军事检察院等专门人民检察院。地方人民检察院有省、市、县三级。各级人民检察院检察长由本级人民代表大会选举和罢免。

人民检察院在反腐败的工作中，主要体现在其对贪污、贿赂和渎职等职务犯罪行为的立案权、侦查权和审查起诉权。《刑事诉讼法》第18条规定："贪污贿赂犯罪，国家工作人员的渎职犯罪，国家机关工作人员利用职权实施的非法拘禁、刑讯逼供、报复陷害、非法搜查的侵犯公民人身权利的犯罪以及侵犯公民民主权利的犯罪，由人民检察院立案侦查。对于国家机关工作人员利用职权实施的其他重大的犯罪案件，需要由人民检察院直接受理的时候，经省级以上人民检察院决定，可以由人民检察院立案侦查。"我国法律赋予人民检察院对贪污贿赂、渎职等职务犯罪具有立案权、侦查权和提起公诉的权力。人民检察院不仅拥有纪检、监察等单位在揭露证实贪污贿赂、渎职等犯罪中所不具有的侦察手段，而且有权代表国家对贪污贿赂等犯罪嫌疑人采取强制措施，对构成犯罪的，有权交付法院进行审判。在我国的反腐败工作中，人民检察院通过强有力的法律监督，以达到惩治贪污受贿渎职等方面犯罪的目的。因此，人民检察院在揭露、惩治贪污、贿赂等犯罪方面的职能和作用上，是其他任何部门和机关都无法取代的。

近几年，我国各级人民检察院在反腐败方面也取得了非常可观的成就，根据最高人民检察院的工作报告，2013年，我国各级人民检察院共立案侦查贪污贿赂、渎职侵权等职务犯罪案件37 551件51 306人。突出查办大案要案，立案侦查贪污、贿赂、挪用公款100万元以上的案件2 581件，涉嫌犯罪的县处级以上国家工作人员2 871人，其中厅局级253人、省部级8人。立案侦查涉及民生民利的职务犯罪34 147人。查处以权谋私、贪赃枉法、失职渎职的行政执法人员11 948人、司法人员2 279人。加大惩治行贿犯罪力度，对5 515名行贿人依法追究刑事责任。强化境内外追逃追赃工作，追缴赃款赃物计 101.4 亿元，会同有关部门抓获在逃职务犯罪嫌疑人 762 人。[①] 2014 年，各级人民检察院共查办贪污、贿赂、挪用公款 100 万元以上的案件 3 664 件。查办涉嫌犯罪的原县处级以上国家工作人员 4 040 人，其中原厅局级以上干部 589 人。依法办理周永康、徐才厚、蒋洁敏、李东生、李崇禧、金道铭、姚木根等 28 名原省部级以上干部涉嫌犯罪案件。查办社会保障、征地拆迁、扶贫救灾、教育就业、医疗卫生、“三农”等民生领域的职务犯罪 9 913 人，查处了北戴河供水总公司总经理马超群等“小官巨贪”。查办受贿犯罪 14 062 人。针对不法分子为谋取不正当利益、行贿腐蚀干部的问题，部署打击行贿犯罪专项行动，查办行贿犯罪 7 827 人。查办国家机关工作人员渎职侵权犯罪 13 864 人，其中行政执法人员 6 067 人、司法人员 1 771 人。[②]

2. 人民法院

人民法院是我国的审判机关。我国《宪法》第 123 条规定：“中华人民共和国人民法院是国家的审判机关。”第 126 条规定：“人民法院依照法律规定独立行使审判权，不受行政机关、社会团体和个人的干涉。”我国设立最高人民法院、地方各级人民法院和军事法院等专门人民法院。《中华人民共和国人民法院组织法》规定：“人民法院的任务是审判刑事案件和民事案件，并且通过审判活动，惩办一切犯罪分子，解决民事纠纷，以保卫无产阶级专政制度，维护社会主义法制和社会秩序，保护社会主义的全民所有的财产、劳动群众集体所有的财产，保护公民私人所有的合法财产，保护公民的人身权利、民主权利和其他权利，保障国家的社会主义革命和社会主义建设事业的顺利进行。”人民法院通过对贪污、受贿、渎职等犯罪行为判处刑罚，以实现对腐败分子的打击。

我国法院在反腐败工作中担任着重要的使命，取得了斐然的成效。根据最高人民法院工作报告，2013 年，全国各级人民法院充分发挥刑事审判在惩治腐败中的职能作用，加大对贪污贿赂等犯罪的打击力度，审结国家工作人员贪污贿赂、渎职侵权犯罪案件 2.9 万件，判处罪犯 3.1 万人，其中包括薄熙来受贿、贪污、滥用职权案，刘志军受贿、滥用职权案等一批大案要案，

① 曹建明：《最高人民检察院的工作报告》，《检察日报》，2014 年 03 月 18 日。
② 曹建明：《最高人民检察院的工作报告》，《检察日报》，2015 年 03 月 23 日。

促进反腐败斗争深入开展。[1] 2014 年，我国各级人民法院依法严惩腐败犯罪和经济犯罪。坚持铁腕反腐，依法惩处刘铁男、李达球等一批腐败犯罪分子。各级法院审结贪污贿赂等犯罪案件 3.1 万件 4.4 万人，同比分别上升 6.7% 和 5.2%。其中被告人原为厅局级以上的 99 人，原为县处级的 871 人。加大对行贿犯罪打击力度，判处罪犯 2 394 人，同比上升 12.1%。[2] 同有关部门起草没收违法所得司法解释，启动缺席判决没收外逃腐败分子违法所得程序。积极参与海外追逃追赃工作，绝不让国外成为腐败分子的“避罪天堂”。

二、我国反腐国家机构的运行及其不足之处

我国的反腐机构运行情况直接关系到反腐的效果，因此，有必要对我们国家目前各类反腐机构的运行情况进行研究和评价，以期能够为各类反腐机构进一步推进反腐败工作提供必要的参考。

（一）我国权力机关反腐败工作的运行情况及其不足之处

在我国，反腐败的立法权主要掌握在最高权力机关手中，最高权力机关主要通过积极推进反腐败方面的立法来实现我国反腐工作的制度化和法制化。2013 年，全国人大常委会法工委副主任郎胜解读“未来 5 年的立法规划”时，提到“完善反腐败方面的立法，真正形成惩治和预防腐败体系”是今后 5 年的立法重点。按照我国目前的立法体制，省级人大及其常委会拥有立法权，所有设区的市人大也即将拥有立法权，在反腐败的法规制定方面，除了全国人大及其常委会进行反腐立法之外，部分地方人大及其常委会也可以就贯彻反腐败法律方面的内容制定相关的地方性法规，以形成比较完善严密的反腐败法规体系。如广东省人大常委会 2009 年通过了《广东省行政执法责任制条例》，深圳市人大常委会于 2005 年通过了《深圳市预防职务犯罪条例》，这些条例就职务犯罪的预防机构、预防责任、预防措施、责任追究等问题做

① 周强：《2014 年最高人民法院工作报告》，人民网：http：//lianghui. people. com. cn/2014npc/n/2014/0310/c382480 - 24592263. html。

② 周强：《2015 年最高人民法院工作报告》，人民网：http：//news. china. com/2015lh/news/11170076/20150312/19373609_1. html。

了规定。广州市人大常委会也在2014年通过了《广州市预防职务犯罪条例》，这部法规在反腐败的制度设计方面有很多亮点，如其中第23条规定："国家机关和有关单位在开展招标、采购和招聘、录用、选任人员等活动时，可以到检察机关查询投标人、潜在投标人、供货人、拟录用人员是否有行贿犯罪记录，并根据查询结果，采取预防贿赂行为的措施。投标人、潜在投标人、供货人、拟录用人员也可以自行到检察机关查询并要求检察机关出具查询结果。"第37条规定："国家机关和有关单位应当采集、分析、研究涉及预防职务犯罪的网络信息，并采取相应措施处理，对社会影响较大的问题应当及时回应。"将网络反腐纳入了地方性法规。《广州市预防职务犯罪条例》还规定检察机关在预防职务犯罪工作中，应当加强对行贿违法犯罪行为的预防，建立行贿犯罪档案系统，只要与全国行贿犯罪档案库联网，即可联网查询是否有"污点记录"。此外，检察机关还应当根据查办职务犯罪案件情况，在每年向社会公布上一年度预防职务犯罪工作报告等。

珠海市人大常委会于2003年通过了《珠海经济特区审计监督条例》，广东省人大常委会于2001年通过了《广东省村务公开条例》，这些地方性法规都与反腐败问题密切相关。另外，据媒体报道，《广东省预防腐败条例（草案）》正向社会征求意见，它将有望成为全国首部省级预防腐败的地方性法规。其中明确"裸官"不得在财政、金融监管、人事等重要、敏感岗位任职，官员不如实报告房产等情况不予提拔，"带病提拔"将倒查追究责任等。

除了立法之外，权力机关的监督功能在反腐败的工作中也发挥着非常重要的作用。我国各级人大及其常委会有任免权，权力机关、行政机关、审判机关、检察机关的组成人员，都要经过同级人大及其常委会选举或者任命，才能担任重要的官职，才能获得国家授予行使的权力。各级人大能否用好这项权力，关系到各类国家机构核心领导成员的素质，因此，人大在行使选举和任命的权力方面要非常慎重，应对拟任命的成员有充分的了解，不能让道德品质败坏的人员选进国家机关并担任领导职务。

人大虽然把住了入口关，但也不能完全保证极少数公务人员在担任了领导职务以后就蜕化变质，成为新的腐败分子。若出现这种情况，人大及其常委会应该依法行使罢免权，将腐败分子清除出去。恩格斯总结巴黎公社的经验，防止公仆变成主人，一条重要措施就是"所有的代表和官吏毫无例外地可以随时撤换”。由人民代表大会及其常务委员会产生的国家机关工作人员，一旦蜕变为腐败分子，就辜负了人民的重托，失去了人民的信任，人民代表大会及其常务委员会理应代表人民依法罢免其职务。人大充分发挥罢免权，既是对那些妄图为所欲为、不受监督的公务人员的有效制约，也能充分体现国家权力机关的权威。

此外，人大作为国家的权力机关，可以通过发挥其监督职能来促进我国的廉政建设。我国《宪法》第2条规定：“中华人民共和国的一切权力属于人民。人民行使国家权力的机关是全国人民代表大会和地方各级人民代表大会。”第3条规定：“国家行政机关、审判机关、检察机关都由人民代表大会产生，对它负责，受它监督。”这就意味着，我国的行政机关、司法机关中担负着反腐败职能的国家机关反腐成效如何，直接受权力机关的监督。每年的两会期间，一府两院都要向人大做工作报告，这些工作报告里面，都会包含反腐败方面的内容，尤其是人民检察院，其工作报告中反腐的内容尤其会引起人大及社会各界的关注，反腐的成效直接影响其工作报告的支持率，这样也能在一定程度上促进反腐机构做好反腐工作，以优异的成绩去赢得权力机关的支持。另外，各级人大及其常委会也可以听取反腐机构的反腐报告，以督促反腐机关做好反腐工作。

目前，我国宪法和法律虽然赋予了人大及其常委会在反腐立法和反腐监督方面的诸多权力，但是，从目前人大及其常委会的权力实际运行状况来看，人大对反腐工作的监督还存在以下一些问题：

1. 人大监督的力度有待加强

从目前人大监督职权的实际运作来看，我国人大对政府和司法机关的实际监督效果与其应起到的作用和百姓的期待尚存在一定的差距，人大的监督表现出以下特点：一般性监督多，跟踪性监督少；事后监督多，事前事中监督少；弹性监督多，刚性监督少；抽象性监督多，实质性监督少等。监督工作仍然是人大工作的薄弱环节。

2. 人大监督的效果有待进一步提高

从实际情况而言，我国人大监督的效果差强人意。目前，我国人大及其常委会对政府机关、司法机关工作的监督，基本上是听取和审议一府两院的工作报告和工作汇报，权力机关对行政机关和司法机关的制衡机能没有得到有效的发挥。

（二）我国行政机关反腐败工作的运行情况及其不足之处

我国行政机关的体系中，与反腐败有密切联系的主要有监察机关和审计机关。

1. 监察机关

目前，监察机关和预防腐败局是“两块牌子，一班人马”。监察机关和党的纪检部门合署办公。

（1）监察机关在反腐工作中主要承担的职责。

①保证政令畅通，维护行政纪律。维护政令畅通，就是要监督政府及其部门自觉执行国家政策命令，依法行使行政职权，同时，监察机关还要依法对政令执行情况进行监督检查，对政令执行不到位的政府部门提出整改意见。

②加强政府效能监察，优化经济发展环境。这方面的工作，主要包括三个方面的内容。第一，监督检查人民群众所反映的行政机关及其工作人员在行政执法过程中所存在的突出问题，如“门难进、脸难看、事难办”的官僚主义作风；“一杯茶，一支烟，一张报纸看半天，大事小事不沾边”的慵懒作风等。第二，坚决纠正部门和行业不正之风，如乱收费、乱摊派、乱罚款的不正之风；利用职权，无偿占用企业资金、交通工具、通信设备等不良风气，在行政执法活动中“吃、拿、卡、要”的不正之风等。第三，推进公共权力的公开运作。依法行政的一个重要内涵就是公开行政，让政府权力在阳光下运行，不能让行政权力搞暗箱操作。在监督行政公开方面，监察机关责无旁贷，尤其是在政府采购、建设工程项目、企业产权交易、土地转让的公开招标投标问题上，监察机关应该担负起强有力的监督职责。

③加强专项执法监察，防止和惩治腐败现象。执法监察是纪检监察机关的一项基本职能，是纪检监察机关实现监督检查的重要手段。行政管理制度和监督制约机制不健全、不完善是腐败现象产生的一个重要源头。因此，通过行政监察机关对行政权力的运行进行监督检查，可以有效地起到防止和纠正腐败行为，促进廉政建设的目的。

（2）我国行政监察机关反腐工作存在的主要问题。

反腐败法律制度执行不力，监察机关的独立性和权威性有待加强。一些地方对干部的腐败行为以纪律责任替代法律责任，应该移交司法机关的不予移交，这在很大程度上纵容了国家机关工作人员的贪腐行为，也在一定程度上助长了贪腐行为的发生。

2. 审计机关

国家审计具有制约和监督权力的法定职责。国家审计在反腐工作中具有专业性、客观性、独立性等特点。

（1）审计机关的反腐败职责。

目前，审计机关主要从四个方面承担反腐败的职责。

①通过对财政预算的编制、财政收入和财政支出情况进行审计，提高财政资金的使用效益和透明度。对财政预算编制进行审计，可以有效地促进财政预算取之于民、用之于民，促进财政预算体现公众意图的理念和公共财政的观念，促进财政预算的公平、公正、公开，防止政府部门和其他国有单位在财政资金的使用过程中损公肥私，侵占或者挪用财政资金；对财政收入进行审计，对财税收入完成情况、税收征管情况、税收政策规定执行情况、非税性收入情况、税费征收情况、财政结算资金等进行审计，可以有效地控制财政风险；对各级政府年财政资金的分配、使用及其效果所进行审计，可以促进政府财政资金合理使用，促进政府及其工作部门依法理财，依法用财，提高财政资金的使用效益。

②对领导干部任期内应负的经济责任的履行情况进行审计，以达到从源头上预防和治理腐败的目的。经济责任审计的主要目的是分清经济责任人任职期间在本部门、本单位经济活动中应当负有的责任，为有关部门考核使用干部提供参考依据。通过对领导干部的经济责任进行审计，能够加强对干部的监督管理，揭露和惩治腐败分子，规范干部行为，促进领导干部廉洁自律，促使行政权力规范运行，提高政府的执政水平，促进廉政建设。

③对国家建设项目尤其是国家重点建设项目进行审计，提高建设资金使用效益。国家重点建设项目，是指对国民经济和社会发展有重大影响的骨干项目，通过对国家重点建设项目资金的使用情况审计，可以发现并查处国家建设项目的建设过程中存在的高估冒算、挪用侵占建设资金等严重损害了国家和集体利益的行为，从而保障国家建设资金能够规范合理地使用，预防腐败行为发生，促进国家工程建设领域的廉政建设。

④对专项资金的运作进行审计，保障其使用效益。专项资金是国家或有关部门下拨给行政事业单位的具有专门指定用途或特殊用途的资金。这种资金一般都要求进行单独核算，专款专用，不能挪作他用。通过对专项资金的筹集、分配和使用进行全面、深入、细致的审计，能够揭露相关单位和个人和挤占挪用、损失浪费等违法违规行为，并报有权机关进行查处，以维护国家、集体和公民个人的利益，为建设高效政府、廉洁政府、信用政府提供强有力的支持。

（2）审计机关在履行反腐败职责的履行方面之不足。

目前，审计机关在履行反腐败职责的履行方面，尚存在一定的不足之处，主要体现在：审计机关在执行《审计法》的规定方面，力度有待提高。根据《审计法》第 44 条的规定，被审计单位有转移、隐匿、篡改、毁弃会计凭证、会计账簿、财务会计报告等违法行为的，审计机关认为对直接负责的主管人员和其他直接责任人员依法应当给予处分的，审计机关应当提出给予处分的建议。构成犯罪的，依法追究刑事责任。但是在实践中，提出给予行政处分和移送涉嫌犯罪案件的审计决定并不多，这就使得相关单位和个人对于审计报告缺乏敬畏心，也让审计的效果大打折扣。

（三）我国司法机关反腐败工作的运行情况及其不足之处

司法机关在我国反腐败的进程中发挥着非常重要的作用。司法机关在我国反腐败活动中所担负的主要职责是对腐败行为进行法律评价并对腐败分子进行法律处置。

我国对腐败分子进行法律追究的司法机关是人民检察院和人民法院。

1. 司法机关的反腐职能

（1）人民检察院的反腐职能。

人民检察院在反腐败工作中的职能主要体现在对涉嫌犯罪的腐败分子行使侦查、提起公诉的权力，将涉嫌犯罪的腐败分子向人民法院提出公诉，让其接受法律的审判。

人民检察院主要着力于依法查办职务犯罪大要案，加强职务犯罪预防工作，严格规范职务犯罪侦查工作。检察机关与党委纪检部门和监察部门密切合作，协调配合，对纪检部门移交到司法机关的腐败案件依法展开立案侦查。

同时，也根据群众举报和主动发现的腐败犯罪，对一些腐败分子展开立案侦查，对涉嫌犯罪，并且需要施以刑事处罚的，依法向同级人民法院提起公诉。此外，人民检察院也依法监督人民法院的审判工作，如果人民法院对腐败案件的判决存在畸轻、畸重的现象，人民检察院有权依法提请上一级检察院提起抗诉。在预防犯罪方面，人民检察院也大有可为，人民检察院通常采取案件剖析会、警示教育会、检察建议书等形式，认真分析发案原因，共同研究预防对策，深入推进预防机制建设。着力加强个案预防、行业预防、网络预防、警示预防等职务犯罪预防工作，深入推进预防机制建设。

（2）人民法院的反腐职能。

人民法院依法对涉嫌犯罪的腐败分子进行审理和判决，让腐败分子得到应有的惩罚。从最高人民法院院长周强在2015年1月21日在全国高级法院院长会议上的发言可以看出，目前我国各级人民法院在反腐败工作中的运行机制。周强指出："要坚持依法从严惩处腐败犯罪，对腐败分子形成有力震慑；要在严惩受贿犯罪的同时，加大对行贿犯罪的惩治力度，特别是要从严惩治主动行贿的犯罪行为；要积极会同有关部门，共同做好国际追逃追赃工作；要立足审判职能，对腐败案件进行认真梳理，深入分析制度机制和工作环节中存在的缺陷和漏洞，及时发出司法建议，促进惩治和预防腐败体系建设。"

2. 司法机关的反腐败工作的完善

目前，我国司法机关的反腐败工作也存在诸多有待完善之处，主要表现在两个方面：

（1）司法的独立性有待加强。

党的十八大报告指出："进一步深化司法体制改革，坚持和完善中国特色社会主义司法制度，确保审判机关、检察机关依法独立公正行使审判权、检察权。"目前，很多重大的案子往往是由党委纪检部门先行调查，对于确实涉嫌犯罪的，再移送司法机关。因此，司法机关的反腐效果受制于党委纪检部门的办案力度和移送案件的大小和多少。对于党委纪检部门不予移送的腐败分子，司法机关往往也不会主动去追究其法律责任。因此，要加强司法机关的反腐力度，首先就要理顺党委纪检部门和司法机关之间的关系。对于党委纪检部门不予移交的腐败分子，是否需要追究其法律责任，其判断权应该交给司法机关。

（2）司法系统本身也应该做好反腐倡廉工作。

目前，司法腐败主要表现在三个方面。一是徇私舞弊，枉法裁判。这是司法腐败中最为严重的表现。一些司法人员在办案过程中，进行权钱交易，办“人情案”“金钱案”“关系案”，蔑视法律，枉法裁判。有的司法人员甚至帮助犯罪嫌疑人出谋划策，逃避惩罚等。二是滥用职权，违法办案。一些地方的司法人员在金钱或人情的驱动下，利用职权，给司办案人员打招呼，递条子，为自己或者亲友谋取不正当利益。有的司法人员滥用自由裁量权，裁判畸轻畸重；有的司法人员滥用强制措施，超期羁押，虐待犯罪嫌疑人等。三是推诿扯皮，失职渎职。这主要表现在该立案的不立案，导致当事人投诉无门，或者立案以后久拖不决等，严重侵害公民、法人或者其他社会组织的合法权益。司法腐败产生的原因是多方面的，从体制方面来看，司法人员与地方上的关系盘根错节。从公共权力运行的角度看，司法权力异化为商品交换的社会资源是导致司法腐败的根本原因。从权力监督的角度看，对司法缺乏有效的监控是导致司法腐败的一个重要原因。从司法人员本身的素质来看，少数司法人员政治素质低，职业道德低下也直接导致了司法腐败的发生。

三、境外反腐机构设置的有益借鉴

他山之石，可以攻玉。在探讨我国反腐机构的同时，我们也必须放眼世界，深入了解目前反腐败工作做得比较成功的其他国家和地区，其反腐机构如何设置和运作，以便为完善我国反腐机构的设置提供有益的借鉴。

（一）中国香港的反腐机构及其运行

香港是世界公认的比较廉洁的地区，香港地区的反腐成效举世瞩目。廉政公署是香港主要的反腐机构。

香港的廉政公署于1974年成立，它是直接隶属于特区行政长官的独立的反贪行政机构，是根据1974年2月《总督特派廉政专员公署条例》（以下简称《廉政公署条例》）设立。根据这一条例，廉政公署的主要职能是从惩后、预防和教育三个方面进行肃贪倡廉工作。《香港特别行政区基本法》（以下简称《基本法》）第48条规定：“香港特别行政区行政长官行使下列职权：……

提名并报请中央人民政府任命下列主要官员：各司司长、副司长，各局局长，廉政专员，审计署署长，警务处处长，入境事务处处长，海关关长；建议中央人民政府免除上述官员职务。”根据《基本法》的这一规定，廉政专员属于香港特别行政区的主要官员之一，应由特区行政长官提名并报请中央人民政府任命，这充分体现了廉政公署在香港人政治生活中的重要地位和价值。

香港廉政公署设有执行处、防止贪污处、社区关系处三个专职部门和为这三个部门提供服务的一个行政总部。

执行处主要负责对涉嫌贪腐的人员进行调查、逮捕和起诉，是廉政公署中最大也是最主要的部门。

防止贪污处主要负责预防贪污。它的主要职能是审视各政府部门及公共机构的工作常规及程序，以减少可能出现贪污的情况；另外，该处亦应私营机构的要求，提供防贪顾问服务。防止贪污处下设两个审查科，专门审查政府部门、机构的工作规定及程序，并接受私营机构的防贪咨询，帮助找出可能的贪污漏洞，预防贪腐发生。

社区关系处的主要职能是教导市民认识贪污的祸害，并争取市民积极支持反贪的工作。“社区关系处”设两个科室，分别负责宣传教育市民廉洁自律，并通过举报中心及7个分区办事处接受反贪举报和咨询。社区关系处廉政公署中负责对腐败的预防进行宣传教育的机构。

香港廉政公署在反贪污贿赂方面具有较强的独立性。《基本法》第57条规定：“香港特别行政区设立廉政公署，独立工作，对行政长官负责。”根据这一规定，廉政公署在香港特别行政区全权独立处理一切反贪污工作，廉政专员直接向行政长官负责，不受其他任何政府部门的控制。香港廉政公署独立于行政机关和司法机关之外，拥有特别调查权、搜查权、拘留和扣押权，获取资料驱权、限制财产处置权、物品检查和扣押权。更为特别的是，廉政公署还具有使用武力的权力，对于妨碍其执行公务的，在必要时可以使用武力，这充分保证了廉政公署权力的有效行使，给反腐败工作的顺利进行提供了强有力的制度保障。

正是因为具有高度的独立性和强有力的权力运行保障，香港廉政公署成立41年来，调查案件超过7万件，经过40余年的励精图治，香港终于由乱到治，由浊到清，最终成为世界最廉洁的地区之一。

（二）新加坡的反腐机构及其运行

新加坡政府素以廉洁高效而著称于世。截至 2014 年，新加坡连续 20 年进入国际透明组织的廉洁排行榜前 10 位。新加坡之所以能够取得如此突出的廉政成就，主要是因为其拥有一套十分完善的肃贪机制。

完善的肃贪机制首先需要完善的法律作为支撑。在反腐败的法律方面，新加坡惩治腐败的法律体系主要包括《刑法》《刑事诉讼法》等基本法律和《预防腐败法》以及《没收腐败、贩运毒品和其他严重犯罪所得法》《公务惩戒程序法》等特别法。《预防腐败法》全文共 37 条，由 6 章组成。对贪污调查局官员的任命、身份，腐败犯罪的类型、构成和惩处、腐败犯罪的调查活动程序、腐败犯罪审理适用的特殊证据制度、妨碍腐败犯罪处置的后果等内容进行了具体的规定。《没收腐败、贩运毒品和其他严重犯罪所得法》是治理腐败犯罪的程序法，其内容补充和完善了《刑事诉讼法》的有关规定，并与《刑事诉讼法》的内容相互协调，共同保障反贪污制度和政策的有效推行。《公务惩戒程序法》主要内容是对尚不构成刑事处罚的、渎职或者玩忽职守的公务员进行调查和行政处分的程序性规定。这三部法律共同构成了新加坡反腐败法律体系最重要的三根支柱。

新加坡的肃贪机构主要是贪污调查局。

新加坡的贪污调查局主要有四项职权，即逮捕权、搜查和扣押权、调查权和要求他人提供信息权。根据法律规定，凡是腐败犯罪，均可以逮捕，而无须法院签署逮捕证。在逮捕的同时，还可以进行搜查，为了保证贪污调查局的官员能够有效行使权力，国家还给每一位调查局的有关官员提供警棍、武器、弹药和其他装备。新加坡贪污调查局局长或者特别调查员可以不经检察官命令而直接行使《刑事诉讼法》规定的与调查犯罪有关的部分或者全部权力。根据《预防腐败法》的规定，贪污调查局局长或官员在本法规定的调查职责范围内，向任何人要求提供信息的，且该人能够提供该信息的，该人有提供信息的法定义务。

新加坡的贪污调查局虽然有极高的权威，但是其权力行使也要受到检察机关的监督和制约。新加坡的检察机构与贪污调查局没有隶属关系，其总检察署是设在内政部之下的一个行政部门。新加坡贪污调查局的调查活动要接受总检察署及其检察官的指导和监督：首先，贪污调查局行使特别调查权必须经检察官授权；其次，贪污调查局调查法律直接规定以外的罪案必须经检察官授权；再次，检察官对贪污调查局调查的案件行使审查起诉和提起公诉的权力；最后，检察官对贪污调查局的调查工作拥有一定的指导取证权。

新加坡反腐败成功的经验表明，强有力而独立的反贪机构是遏制贪腐强有力的工具。反腐机构不在多，关键在于精干而有效，只有对反腐机构授予必要而且充分的权限，反腐机构才能彰显出权威性和震慑力。

（三）境外反腐机构的设置对我们的启示

通过对一些廉洁高效国家和地区反腐机构的研究，我们可以得出以下几点启示：

1. 反腐机构必须具有独立性

《联合国反腐败公约》第 6 条规定：“各缔约国均应当根据本国法律制度的基本原则，赋予本条第一款所述机构必要的独立性，使其能够有效地履行职能和免受任何不正当的影响。”第 36 条规定：“各缔约国均应当根据本国法律制度的基本原则采取必要的措施，确保设有一个或多个机构或者安排了人员专职负责通过执法打击腐败。这类机构或者人员应当拥有根据缔约国法律制度基本原则而给予的必要独立性，以便能够在不受任何不正当影响的情况下有效履行职能。”独立性是反腐机构能够卓有成效地开展反腐工作的关键所在。

独立性是指反腐败机构能独立行使职权，抵御外部政治压力和不当干预。联合国毒品与犯罪事务办公室明确了反腐败机构保持独立性的十二条标准，认为机构独立、人事独立、经费独立、职权独立是有效开展反腐败工作的基础。其中，职权独立是核心，机构独立、人事独立、经费独立是保障。

机构独立要求反腐败机构摆脱对被监督者的从属地位或者依赖关系，使得反腐败机构与其监督的对象之间成为相互平行的行为主体。人事独立要求反腐败机构应有相对独立的人事任免权，其对工作人员的选拔和任用不能受到被监督者的控制。如英国议会行政监察专员可以终身任职直至 65 岁退休，只有在本人要求辞职，或因严重违反法纪受到议会上下两院的弹劾，方可辞职或撤职。经费独立要求反腐败机构必须有独立的经费来源，不能受制于被监督对象，只有这样，反腐败机构开展工作才更有保障，更有底气。职权独立要求国家立法应该为反腐败机构独立行使职权提供充分的法律保障，只有这样，反腐败机构才能公正无私地办案，不为长官意志或者相关利益集团所左右。在美国、韩国等国家，侦办腐败案件的检察官相当于一个独立机构，全权负责案件调查工作，不得接受上级的不当干预，否则自行承担责任。

2. 反腐败机构必须具有至高无上的权威性

反腐机构必须得到充分的授权，国家宪法和法律如果对反腐机构的授权不充分，反腐机构的工作如果处处受到牵制，反腐机构就没有权威性，就无法有效地开展反腐工作。权威性要求反腐败机构要敢于硬碰硬，敢啃硬骨头。如香港《廉政公署条例》规定，凡是贪污投诉，只要有足够线索可以追查的，一定要调查跟进，不容任何人干预，没有特权、侥幸和例外。2012 年以来，廉政公署先后调查时任特首曾荫权、特首候选人唐英年和前廉政专员汤显明，引起港岛内外极大震动。在其他国家和地区，反腐败机构往往直接隶属于总统或国家立法机关，政治地位较高。如美国政府道德署从联邦人事局独立出来，直接归总统领导。

3. 反腐机构必须拥有广泛的权力

反腐机构必须具有广泛而且充分的权力，方能有效地履行其职责。一般来说，反腐机构的权力应该包括但是不限于三个方面：

（1）调查权。反腐机构必须在职责范围内具有广泛而充分的调查权，任何被调查对象不得拒绝调查，否则将承担严厉的法律责任。

（2）建议权。如果认定政府机关及其工作人员存在应当更正的失职行为或者应当予以撤销或改变的行政决定，反腐败机构应当有权向有关部门或组织提出建议。若建议不被采纳，反腐机构有权采取进一步的措施。

（3）司法侦查权。反腐机构必须具有司法侦查权。这些权力主要包括刑侦权、拘捕权、起诉权等，必要时还应该拥有在调查中采取跟踪、窃听、摄影、录音等特殊侦查手段的权力。对于妨碍其执行公务的，在必要时可以动用武力，如香港廉政公署还具有动用武力的权力，这样能充分保证其权力的有效行使。

四、我国反腐机构的完善

虽然我国的反腐败工作已经取得了很大的成效，但我国的反腐形势仍然十分严峻，要进一步推进反腐倡廉的工作，建立反腐败的长效机制，关键还是要在制度建设上下功夫。在反腐败的制度建设方面，反腐机构的改革和创新起着举足轻重的作用。

我国反腐机构改革的首要任务，就是要改革目前“条块分割”的机构设置和体制安排，建立起一个具有充分的独立性、权威性、职业化和专业化的反腐机构。

我国反腐机构的改革，应该从五个方面去着手解决：

（一）在反腐机构体系之中，进行垂直化的改革，避免反腐工作受到地方的牵制和干扰

现在的主要反腐机构中，有一些隶属于地方政府，如监察部门和审计部门。司法机关虽然与地方政府不存在隶属关系，但其财政、人事等受制于地方，会影响其司法独立。可喜的是，党的十八大报告提出：“进一步深化司法体制改革，坚持和完善中国特色社会主义司法制度，确保审判机关、检察机关依法独立公正行使审判权、检察权。”司法体制改革的大幕已经拉开，将推动省以下地方法院、检察院人财物统一管理，设立跨行政区划的人民法院、人民检察院，最高人民法院设立巡回法庭等，这些改革措施的实施将更加有利于司法机关反腐工作的开展。

在反腐机构的垂直化改革中，有必要将隶属于地方各级政府的反腐败机构从地方政府剥离，直接变为中央反腐机关的派出机关。可以按照省份进行派出，也可以按照大的地区派出。按照大的地区派出对反腐工作更加有利，它可以是反腐机关更加脱离地方政府的影响。

反腐机构的垂直化改革可以充分借鉴党的十六大以来纪检监察机关派出机构统一管理的经验，而且要在此基础之上进一步深化。派出机构的设置不应与政府部门一一对应，而应该根据政府部门的专业相近原则进行归并，对派驻政府部门的反腐机构进行归并和整合，能够进一步提高反腐工作的效率。

（二）在横向上，宜对现有的反腐机构进行必要的整合，最终的目标是整合为一个反腐机构

这个过程虽然有点漫长，涉及政治体制、经济体制、人事体制等诸多方面，但是它必须成为改革的方向。1993 年，纪委和监察机构合署办公的改革应该成为此种改革的前奏，我们还可以进一步走下去，可以将审计机关中负责反腐的机构和人员并入纪检监察部门。如果条件成熟，还可以将检察机关的反腐机构和人员整合进来。在反腐败机构的整合归并方面，香港廉政公署的设置模式可资借鉴和参考。

（三）要给反腐机构充分的授权

反腐机构要想胜任反腐败的工作，首先就必须获得充分的授权。《韩非子·难势十四》篇引慎子曰："飞龙乘云，腾蛇游雾，云罢雾霁，而龙蛇与蚓螘同矣，则失其所乘也。贤人而诎于不肖者，则权轻位卑也；不肖而能服于贤者，则权重位尊也。尧为匹夫，不能治三人；而桀为天子，能乱天下。吾以此知势位之足恃，而贤智之不足慕也。"今天，我们要想取得更大的反腐成就，就有必要通过体制改革和立法对反腐败机构进行充分的授权，这些权力应该包括调查权、建议权、批评权、行政惩戒权等。

（四）提高反腐机构的工作效率

确保反腐机构能够及时查办腐败案件。如新加坡贪污调查局特别强调查案效率，一般的贪污贿赂案件必须在 3 个月内调查完毕。印尼反腐败委员会所查办案件的最终定罪率近乎 100%，先后查处涉及执政党主席、部长、议员等在内的 100 余宗大案要案。

（五）反腐机构本身也要做好反腐工作

在当前的形势下，由于社会各个领域普遍存在着腐败现象，反腐活动始终受到外部环境的严重威胁，如对付腐败分子的最后一道防线——司法系统，其腐败现象也触目惊心。司法腐败主要表现为在司法活动中司法官员接受当事人的贿赂，徇私舞弊、枉法裁判等。在反腐领域，司法腐败的直接后果就

是一些贪污贿赂等犯罪行为得不到应有的惩罚，严重制约着反腐的社会效果。因此，我们也应该加强对反腐机构及其工作人员的监督和约束，确保反腐机构的工作能够顺畅而有效，以维护社会的公平和正义。

第三章　完善选举制度：依宪反腐主体素质之保证

“选举”一词源于拉丁语动词eligere，意为“挑选”。选举，《不列颠百科全书》解释为“通过投票选择公职人员，或接受或拒绝某种政治主张的正式程序，是通过投票做出政治决策的一种手段”；《全美百科全书》称之为“由合格参与者投票选择官员或做出相关政策规定的过程”；《法国拉鲁斯百科全书》则定义为“选举国家机关代表和国家机关公职人员应遵循的各项制度的总称”；可以是“根据一群被指定出的人（全体选民）的选择来安排某个职位的一种机制”；也可以是“具有公认规则的选择程序形式”。[①] 一般而言，选举是指公民按照特定的方式选择国家公职人员的行为。选举制度是规定公民与国家政权之间关系的、由公民通过选择国家公职人员的方式，而赋予国家政权合法性的一系列制度和规范。“在此后近60年的发展过程中，中国形成了人民代表选举和政府官员选举、基层民主选举（村民委员会选举和居民委员会选举）、党内民主选举在内的完善的选举制度体系。”[②] 广义的选举制度包括：人大代表选举、村民委员会选举、居民委员会选举和党内民主选举。我们所研究的是狭义的选举制度，即各级人民代表的选举制度。各级人民代表的选举制度，包括普通地方选举和军队人民代表、特别行政区全国人大代表、台湾省全国人大代表的选举、选择制度。普通地方选举适用于一般行政地方人民代表的选举、民族自治地方人民代表的选举。选举制度是指选民按照选举法规定的方法和程序选举人大代表的制度，是我国基本的政治制度，也是现代民主政治的基础。新中国成立以后，我国建立了社会主义民主制度，

---

① 蔡文成：《民主形态论：中国人大制度的理论与实践》，北京：中国社会科学出版社，2013年。

② 李猛、王冠杰、何君安：《新中国选举制度发展历程》，北京：世界知识出版社，2013年。

在1953年颁布了第一部选举法并于当年举行了中国历史上第一次全国性的民主选举，自此以后的60多年，特别是在改革开放的进程中，我国民主选举制度也得到了不断的改革，先后5次对选举法进行了重要的修改，逐步形成了一套具有中国特色的选举制度建设的基本经验：坚持党的领导，组织好人民参加民主选举；坚持循序渐进，有步骤地推进选举制度发展；与经济社会发展相适应，坚持社会主义政治制度的自我完善与发展；维护公民选举权利，保障公民知情权、参与权、表达权和监督权；坚持社会主义法治原则，严格选举法律制度和监督保障体系。[①] 但是在实际的政治生活中，我国的民主选举制度在有的地方并未得到严格、正确的贯彻落实。由于选举运作过程的公开透明度不够、我国公民政治素质不高等因素，个别地方在选举过程中出现了贿选的腐败现象，严重影响了党和政府在人们心目中的威信，极大地阻碍了中国民主政治的推进进程，更成为十八届四中全会后建设社会主义法治国家的绊脚石。选举制度是否完善与为政是否清廉之间有着密切的联系。完善选举制度对于廉政建设具有重大意义：一方面，选举制度是宪法的重要组成部分，选举制度的完善是依宪治国的保障；另一方面，完善的选举制度可以最大程度地保障选拔出清廉的官员。因此，在全面依法治国的大背景下，我们应该抓住机遇，全面剖析我国选举制度存在的问题及其产生的原因，进而找出有效解决措施，以推动社会主义民主建设的进程。

一、完善选举制度对于廉政建设的意义

我国选举制度经过60多年的改革完善，已形成了自己的特色，其成就举世瞩目。但不可否认，也还存在一些不足之处。衡阳贿选案就是地方人大贿选中较为典型的案例。2012年末到2013年初，在衡阳市人大会议的选举过程中，发生了严重的“以贿赂手段破坏选举”的违法违纪案件。当选的76名湖南省人大代表中，56名存在“送钱拉票”行为，68名大会工作人员和518名衡阳市人大代表收受钱物，涉案金额高达1.1亿余元。此事曝光后，震惊国内外。《人民日报》称其“涉案人员多，涉案金额大，性质严重，影响恶

① 《人大研究》2008年第8期、第9期、第10期、第11期、第12期。

劣"，是一次"严重的以贿赂手段破坏选举的违纪违法案件"。[①] 选举制度与廉政建设二者之间有着深层的关系。廉政建设是一项系统工程，它涉及我国政治制度的每一个环节。贪污腐败现象的出现，与政治制度的某个环节出现问题密不可分，而选举制度则是其中关键的一环。

政务的廉洁性质和程度与国家政权机关的产生方式紧密相关。在实行世袭制和任命制的国家中，当权者通过任命的方式把官位分封给效忠者，将其作为一种私有财产，以世袭制的方式传递下去。相反，在实行民主制度的国家中，官员作为社会公职人员，必须接受选民的监督和罢免，并有一定的任期。换句话说，官员不能任意地利用自己手中的权力，谋取个人的私利。所以说，民主的选举制度决定了政权自身产生的廉洁性。选民经过精心挑选自己所信任的政权机关的主要成员，这决定了当选者是选民的忠实代表。当权者应该成为人民利益的代表者，这是政务廉洁的基本要求。同时更重要的是：廉洁的政权机关产生后，政权机关还必须不断地从选民那里输入廉洁的血液。正如斯大林所认为："我们新的选举制度，将对一切机关和团体起督促作用，促使他们改善自己的工作。苏联普遍的、平等的、直接的、不记名的选举制度，将成为人民手中的鞭子，用来鞭策工作做得不好的政权机关。"[②] 民主的选举制度决定着政务的廉洁性质，但并不意味着任何民主性的选举制度下所产生的政权机关的廉洁程度都是相同的结论。因为选举制度的民主程度决定着政权机关的廉洁程度。从总体上看，我国现阶段的选举制度是民主的，这决定了我国的政权机关必定是廉洁的。但是，我国目前仍处于并将长期处于社会主义初级阶段，包括选举制度在内的各种政治制度不可能是完美无缺的。正是这种不完美，有可能产生腐败现象。从这种意义上讲，尽可能地完善选举制度，有利于进一步提高我国的廉政建设。

二、依法治国新常态下我国选举制度存在的问题

中国共产党第十八届四中全会通过了《中共中央关于全面推进依法治国若干重大问题的决定》，在党的历史上第一次以全会的形式专题研究全面推进

① 《严肃党纪国法坚决铲除腐败》，《人民日报》2013 年 12 月 29 日。
② 斯大林：《斯大林文选》（1934—1952），北京：人民出版社，1977 年。

依法治国这一基本治国方略。在依法治国新常态下分析我国选举制度存在的问题，具有现实针对性。

(一) 选举权的普遍性实现程度并不乐观

作为人民民主专政的社会主义国家，我国公民享有广泛的选举权。根据《中华人民共和国选举法》(以下简称《选举法》) 第 3 条规定："中华人民共和国年满 18 周岁的公民，不分民族、种族、性别、职业、家庭出身、宗教信仰、教育程度、财产状况和居住期限，都有选举权和被选举权。"但在现实中，我国公民对选举的实际参与度不高。2000 年，浙江《人民政权报》和浙江省城市社会经济调查队以"百姓心目中的人大制度"为主题的一次专题调查显示：" 4.9% 的被访者不认识所在选区的人大代表，虽然有 77% 的人参加过人大代表选举。"[①] 10 年后，在纪念地方人大设立常委会 30 周年之际，《浙江人大》杂志与浙江省统计局民生民意调查中心一起，以前一次问卷作为基础，再一次开展了"百姓心目中的人大制度"的专题调查。当调查问及"你了解人大吗?"，有 5.62% 的受访者回答"了解，很清楚"；有 43.72% 的受访者回答"了解一点，不太清楚"，有 50.66% 的受访者回答"不了解"。从本次调查的数据看，只有 36.4% 的公民行使了自己的权利，参加过人大代表的选举。此外尚有 63.6% 的公民由于种种原因没有参加过人大代表的选举。[②]

这一调查结果反映出：我国公民并不是积极地参加选举，缺乏公民意识和主人翁意识。本来选什么样的代表去反映自己的心声、解答自己的难题应该是选民最关心的问题。但在实际选举的过程中，出现了选民不认识自己本选区的人大代表，甚至出现厌选的情况。部分选民把选举行为看作是政治动员的需要，没有看到选举与自身利益的密切关系，与选举原有的价值和宗旨背道而驰，这种被动式的选举不可能选出真正代表民意的人大代表。因此，我们不能仅仅满足于选举法中所做的规定，而是应该找到其真正贯彻落实的途径，提高选民的政治参与热情。

---

① 调查队：《百姓心目中的人大——关于人民代表大会制度的调查》，《南风窗》2000 年第 7 期。
② 林龙、仲夏：《百姓心目中的人大制度》，《浙江人大》2010 年第 1 期。

（二）直接选举范围有限且缺乏足够驱动力

我国《宪法》规定："县、不设区的市、市辖区、乡、民族乡、镇的人民代表大会代表由选民直接选举。"在实际选举过程中，有些基层领导人对选举过程进行干预，把自己的意志强加于选民，造成了直接选举的正规性下降。改革开放以来，中国经济、政治、文化和社会面貌发生了很大变化，民主法制建设取得了巨大进步，公民的参政意识和能力也有了较大提高。因此，我们有必要重新修改直接选举与间接选举的范围，从而推进民主政治建设。

（三）差额选举落实不到位或存在形式主义现象

我国《选举法》明确规定必须实行差额选举。所谓差额选举，是指在选举中候选人数多于应选名额的选举。这种选举制度存在落选的可能性，从而使候选人之间充满了竞争意识，当选后责任心更强，更有效地履行竞选承诺，做到全心全意为人民服务。这种选举制度不仅有利于激励和鞭策候选人，还为选民行使选举权提供了充分选择的余地，有助于推动民主选举。而在实际选举中，有些地方出现了规避差额选举、钻法律空子的"陪选"现象。诸如，为了保证某候选人可以顺利当选，将一些条件明显低于该候选人的候选人进行"陪选"。一方面，这违背了立法的本意，导致选民对选举过程与结果均冷漠对待，选举的民主性将会逐渐丧失殆尽；另一方面，不利于提高候选人的竞争意识和公仆意识。

（四）提名制度不合理、选民和人大代表廉选意识缺失的现象

在我国，人大代表的选举产生有两种基本方式，一种是直接选举；一种是间接选举。而根据我国《选举法》的规定："各政党、各人民团体，可以联合或者单独推荐代表候选人。选民或者代表，十人以上联名，也可以推荐代表候选人。"但在现实选举中却出现了"人民选票千万张，不如领导嘴一张"——领导说了算的推荐方式，导致一些不符合条件的人通过向上级领导行贿以获得候选人资格。同时，一些选民廉选意识和防腐能力都比较差，将选票作为兑换金钱、换取利益的工具的现象屡见不鲜。而一些当选者对人大代表缺乏深入的认识，仅把人大代表身份作为荣誉的象征，缺乏其应该具有

的责任感和使命感。

三、我国选举制度存在不足的原因分析

我国选举制度存在以上的问题与不足，有多方面的因素，笔者认为主要有四点：

（一）全国经济发展不均衡

虽然经济落后并不意味着政治上不民主，但会阻碍一个国家的民主政治发展。因此，一个国家的政治发展状况在很大程度上取决于经济发展的状况，经济没搞好，人民生活不安定，也就更谈不上发展民主政治了；而如果处于上层建筑的民主政治搞不好，再坚固的经济基础也有可能被腐蚀、破坏。改革开放以来，我国经济飞速发展，如今经济总量已跃居世界第二。但不能否认，目前我国经济发展不均衡的现象依然存在。以收入分配为例，我国在城乡之间、地区之间以及行业之间都存在明显的收入分配不均衡的现象。对于经济尚不发达的地区，大都因为物质基础薄弱，在技术上，无法支持选举；在理念上，无法把握选举，最终呈现出选举程度不高，对《选举法》的贯彻流于形式。在这种情况下，选民无法充分表达自己的意愿，或是表达的意愿得不到重视，自然就会对选举产生漠视甚至是厌恶的情绪。因此，发展民主政治是一个全国性的问题，要全面促进民主选举制的发展和完善，必须克服经济发展的不均衡性，为此，国家应该在社会救济、财政税收方面不断缩小不同群体之间的差距。只有这样，民主政治才能取得新的进步，选举制度才能取得新的发展。

（二）现行选举制度不完善

在选举制度设计上，还没有使选举与选民的自身利益有机地联系起来。选民选举代表的目的是使代表能够真正地行使选民所赋予的权力，履行选民所应尽的义务，从而实现选民的整体意愿和利益。但是，在现行的选举制度中，如何保证候选人提名的真实性和公正性、选民如何充分了解候选人、代表与选民如何沟通联系、代表如何为选民办实事、如何保证代表充分行使职

权等问题还需要进一步解决。如果这些问题没有很好地解决，将使选民大大降低对代表的期望值，从而在客观上影响了人民代表机关的权威性，进而影响人民代表机关行使监督权。

在调动发挥选民的主动性和积极性上，现行的选举制度还做得不够。

（三）公民法治观念意识较淡薄

党自十一届三中全会以来反复强调，扩大社会主义民主，健全社会主义法制，依法治国，建设社会主义法治国家，逐步实现社会主义民主的制度化、法制化，“使这种制度和法律不因领导人的改变而改变，不因领导人的看法和注意力的改变而改变”[①]。但是，面对根深蒂固的被滋养了上千年的封建政治文化传统，建设法治社会并不是一件容易的事。培养公民的法治观念，不仅要有完善的立法，更需要通过宣传教育等多种途径，使依法办事、守法护法成为一种习惯，让法治观念真正融于心中。

（四）监督机制不完善，处罚机制不健全

选举监督是由一定的监督主体对整个选举过程各个环节、各个要素的监督和督促，它本身不是选举过程的一个独立环节，而是涉及选举全过程的一种监督行为。但直到目前，我国仍然没有一部专门针对选举监督的法律，缺乏具体的、可操作性强的监督制度。而现行《选举法》对提名推荐、考察、公示、换届选举等各个环节的监督规定得比较笼统。另外，缺乏专门的选举监督机构。

四、完善选举制度的对策探讨

我国选举制度正在不断完善之中。根据上面存在的问题以及原因的分析，我们认为，目前完善选举制度可从加强制度建设、提升选民参选意识和加强党组织建设等方面着手。

---

① 邓小平：《邓小平文选》（第二卷），北京：人民出版社，1994 年。

（一）加强制度建设

制度，是人类社会特有的现象。制度，是一个宽泛的概念，研究的出发点不同，对“制度”的定义也有所不同。一般而言，是指在特定社会范围内统一的、调节人与人之间社会关系的一系列的习惯、道德、法律、戒律、规章等的总和。从人类社会漫长的发展历程中，我们可以感受到制度的价值和意义。制度促进了人类社会的进步和发展。邓小平说过，“没有好的制度，好人也会做坏事；有了好的制度，坏人也难做坏事”。著名思想家卡尔·波普说：“人们需要的与其说是好的人，还不如说是好的制度。”制度建设非常重要。

邓小平指出：“大陆在下个世纪，经过半个世纪以后可以实行普选。”[①]邓小平的这个预言并不是随便得出的，而是对中国经济政治发展的进程作了充分考虑后得出的科学论断。我国特殊的国情决定了我国在一定历史时期内只能采取直接选举和间接选举相结合的选举方式。但由于间接选举在选举过程中出现了许多弊端，扩大直接选举范围已成为学界共识，但学者对于如何扩大直接选举的程度持不同看法：有人赞成直接扩大到全国人大，有人提出可以扩大到省级人大，也有人提出现阶段只能在省级以下实行直接选举。由于各省、自治区、直辖市之间的政治、经济发展水平并不平衡，因此，在省一级实行直接选举也很难推行。20 世纪 50 年代，人大代表的直接选举范围仅为乡级，这是充分考虑到当时的政治、经济、文化等发展情况而做出的合理制度安排。而随着我国社会主义民主政治的不断发展，1979 年《选举法》将直接选举的范围扩大到县级。根据这些历史经验和发展趋势，下一步可以考虑在设区的市实行直接选举。因为设区的市选民文化素质较高，权利意识较强，经济的迅速发展也为直接选举提供了坚实的财政保障。当前我国地区发展不平衡，因此，在所有设区的市同时实行直接选举是不太现实的。我国改革开放的经济发展思路——“让一部分人先富起来”可以给我们一些启示。我们可以让较发达的设区的市先实行直接选举，积累经验，为在所有设区的市全面推开做必要的准备。

---

① 中共中央文献研究室：《邓小平年谱：一九七五——一九九七》（上），北京：中央文献出版社，2004 年。

在选举中，完善候选人介绍制度具有十分重要的现实意义，它关系到什么人当选，当选人能否为政清廉的问题。选民只有充分了解代表候选人，包括其参选的口号、当选后的承诺及接受选民的监督等内容，才能从中挑选出自己最满意的代表，避免自私自利、为政不廉的人当选。而在当前的选举中，个别地方曾经出现选举人对候选人不认识的情况，那又如何谈得上了解呢。因此，在选举时，必须实事求是地介绍候选人的情况。除了由选举单位党组织或党代表大会主席团以书面的形式对候选人的政治、思想、作风情况进行介绍之外，还应客观地介绍候选人的工作实绩、缺点和不足；同时大会主席团还应安排选举人与候选人见面，由候选人做简单的自我介绍，并如实地回答选举人提出的问题。这样才有利于选举人充分行使民主权利，真正地体现选举人的意志。

（二）大力发展教育，提升选民参选意识

列宁指出："文盲是处在政治之外的。"文盲受到自身文化条件的限制，所以不能真实有效地参与各项政治活动。因此，必须大力发展教育事业，提高选民的整体素质，从而提升选民参选意识。

1. 大力发展基础教育，提高选民素质

农民群体作为我国选民最大的政治群体，在我国基层的直接选举活动中承担着重要的角色。然而，我国目前农村的教育水平不高，农民的文化素质整体也偏低，普遍缺乏民主意识和独立的政治参与能力，加上由于长期受到中国封建思想的束缚，我国农民的政治参与热情也不高，把投票选举当作应付上级的差事，而不是真正地行使自己的民主权利。由此可知，农民的教育问题是影响我国民主政治发展水平的关键所在。而教育作为提高国民素质的根本途径，我们应加大对农村教育的扶持力度，改善农村学校的办学条件，并加强农村师资队伍的培训力度，提高农村教师的工资水平与福利待遇，全面提高农村的教育质量；贯彻落实农村义务教育经费保障机制，让农村适龄少年儿童都上得起学，确保家庭经济困难的学生上得起学，提升未来农民的科学文化素质。

2. 树立选民意识、增强法制观念

选民只有具有强烈的选民意识，才能依法正确地行使法律赋予的权力。

然而，目前有相当一部分选民的民主意识十分淡薄，对法律赋予的民主权利不够珍惜，对每次的选举十分冷漠。这些无疑是我国民主政治建设的一大思想障碍。为了树立选民意识，必须加强公民法治教育，增强公民法制观念，使选民学会运用法律武器维护国家和个人的合法权利。经过多年的法治文化建设，我国公民的法律素质有了很大提高，但是法治理念的具体精神还没有完全深入民心。这就需要公共权力机构可以通过开展法律讲堂、农村法律援助站、法律宣传周等形式多样的法制宣传教育实践活动，不断提高选民的法制观念，使选民能够正确地行使自己的学会如何运用法律手段维护自己的合法权益，通过合理方式表达自己的政治诉求，成为合格的、高素质的选举参与者。

3. 完善廉选意识培养机制

"公社必须由各区全民投票选出的城市代表组成，这些城市代表对选民负责，随时可以换……一切有关社会生活事务的创议权都归公社。"① 这是马克思、恩格斯在总结巴黎公社经验时明确指出的。选民的选举结果，关系到所选代表能否代表和维护人民利益。所以，在选举过程中，选民必须拥有较强的辨别能力，选出能真正代表人民群众利益的代表。但由于我国有些选民不太了解人民代表大会制度，再加上选民的政治素质还不够高，导致有些选民对选举结果漠不关心。因此，不仅要提高选民的政治素质，使其真正认识自己的权利与义务所在；还要注重选民廉政意识的培养，提高其监督能力。另外，还要提高候选人的参政议政能力和防腐拒变能力。可以有计划地对当选候选人进行培训，学习相关的法律和制度，加强其履职所必需的专业知识和廉选知识等；也可以开展反腐警示教育，通过实地参观反腐倡廉警示教育基地、听服刑人员的现身说法等方式增强候选人的廉洁参政意识，提高防腐拒变的能力。

（三）加强人民代表大会中的党组织建设，保障选举法律制度的实施

我国人民代表大会制度必须坚持中国共产党的领导。实践证明，中国共产党作为我国工人阶级和中国人民中华民族的先锋队，领导人民通过新民主

① 中共中央马克思恩格斯列宁斯大林著作编译局：《马克思恩格斯全集》（第 17 卷），北京：人民出版社，1963 年。

主义革命、推翻旧政权，建立了新的国家政权，并带领全国各族人民进行社会主义建设取得了举世瞩目的成就。在我国的政治生活中，中国共产党是执政党，通过自己的正确路线、方针、政策来领导全国各族人民选举各级人民代表和监督自己的代表机关，领导国家权力机关及其他国家机关为全国各族人民行使好国家权力。从出现的某些地方人大贿选案来看，涉案人员中有部分党员代表，也有部分组织选举的党员干部。从中可以看出，个别地方人大机构党政人员的不作为，严重地影响了人大机构内党组织的组织资源。所以，只有不断加强人民代表大会中党的组织建设，提高党组织的领导效能，才能更好地体现作为先锋队的中国共产党对我国政治生活的领导角色。一方面，应不断建立健全中国共产党党内法规制度体系。十八届四中全会明确指出要“加强党内法规制度建设”“提高党员干部法治思维和依法办事能力”。对党内过时的法规和规范文件应及时清理，使党内法规的质量得到提高。进一步完善和细化党内法规，使党内法规更具有针对性、可操作性。另一方面，应加大人民代表大会内党组织资源的开发。既要不断提升人民代表大会内党组织成员的素质，强化其组织资源安全观；又要积极丰富人大内党组织的资源，拓展党的组织网络，进而夯实党组织的资源基础。[①] 只有这样，才能充分发挥人民代表大会内党组织的作用。

我国的法律是由全国人民代表大会代表人民制定的，法律面前人人平等，任何公民和组织都必须维护法律的尊严、遵守法律法规。这就要求在进行选举时，必须严格按照相关法律规定严格办事。尤其是党员领导干部，更要成为带头遵守的模范。

---

① 蒯正明、杨新宇：《新形势下中国共产党组织资源开发的挑战与回应》，《石家庄铁道大学学报》（社会科学版）2011 年第 5 期。

第四章　公民权利：依宪治国之保障

一、公民权利概要

（一）公民权利的由来及其历史发展

公民（citizen）这一概念最早出现于古希腊、古罗马时期的奴隶制城邦国家之中，是指那些为国家做出贡献（通常是通过征战）、享有相应的权利来决定国家事务的人。哲学家、政治学家亚里士多德（公元前384—公元前322）说，“城邦正是若干公民的组合”，“凡是有权参加议事和审批职能的人，我们就可以说他是那一城邦的公民”。① 西方公民资格最早存在于自由的城市居民，他们获得自由权利和经营权利。这种市民权利的成长肇始于中世纪的城市，是新兴资产阶级与支配性封建集团冲突的产物。现代意义的公民权利（citizen rights）概念出现较晚。最早提出这一概念的是英国著名社会学家T. H. 马歇尔的“公民身份”（citizenship）（公民权利与公民义务）理论。② 德国著名社会学家和哲学家马克斯·韦伯认为，“只有在西方才具有特定意义的城市或城邦国家，才能找到公民的概念”。③ 公民或公民权利的概念在20世纪初期开始翻译引进到中国。较早使用公民概念的代表人物是康有为，孙中山也曾在多种场合谈论“公民”一词。1929年，国民政府的《乡镇自治施行法》规定：“经宣誓登记后，为乡镇公民。”④ 1935年，国民政府的《选举法》规定：“选举人资格以曾经举行公民宣誓为限。”⑤ 新中国成立后，在1953年制定的

---

① ［古希腊］亚里士多德著，颜一、秦典华译：《政治学》，北京：中国人民大学出版社，2003年。

② 郭忠华、刘训练：《公民身份与社会阶级》，南京：江苏人民出版社，2007年。

③ ［德］马克斯·韦伯著，彭强、黄小京译：《新教伦理与资本主义精神》，西安：陕西师范大学出版社，2002年。

④ 馨元：《公民概念在我国的发展》，《法学》2004年第6期。

⑤ 谢振民：《中华民国立法史》，北京：中国政法大学出版社，2000年。

《中华人民共和国选举法》中首次使用公民概念，1954 年《中华人民共和国宪法》以专章规定“公民的基本权利和义务”。改革开放后，由于人们对于个人利益高度关注，“公民权利”成为人们话语系统中的热门词。

公民权利有狭义和广义之分。狭义的公民权利主要是指政治权利（politic rights）。亚里士多德认为：人们一旦参加城邦政体，享有了政治权利，他们就是公民了。马克思在《论犹太人问题》一文中指出：人权的一部分的政治权利属于公民权利的范畴，公民权利体现为政治权利和集体权利。毛泽东将公民权利界定为：所谓有公民权利，在政治方面就是说有自由和民主的权利。邓小平认为：公民权利主要是政治权利，人权是个人权利，社会主义需要的是人民民主，而不是资产阶级的个人民主。广义的公民权利等同于公民的权利，包括法律权利、政治权利和社会权利（social rights）等。《现代汉语大词典》对公民权利的解释是：公民依法享有的人身、政治、经济、法律、文化等权利。

（二）公民权利的内涵

由于东西方之间历史和文化具有不同特点，因而公民权利的内涵和分类也有明显差异。公民权利体系划分为政治权利、经济权利、社会权利和文化权利。这种划分有利于总体上对公民权利体系的把握。由于国情和经济发展水平不同，也由于文化和传统的差异，各国公民权利的分类以及公民权利的具体内容也有差异。西方语境中的大部分自由权利在中国称为政治权利（包括参与权利）；西方社会中的财产权利和劳动权利在中国归属于公民经济权利。在我国，公民的政治权利就是依照宪法和其他法律规定，享有参与政治生活的权利。宪法和其他法律中规定的政治权利主要是自由和公民参与和影响政治生活的权利，包括：人身自由，言论、出版、集会、结社、游行和示威的自由，通信自由，宗教信仰自由，法律面前人人平等，选举权，被选举权，监督与申诉权，政治庇护权，少数民族自治权等。经济权利是指与公民经济生活相关的权利，主要包括参与经济管理权、劳动权、休息权、获取报酬权等。当然，有些权利很难将其单纯划归为一种类型，如退休人员生活保障权，从社会角度看，就是社会保障权利或者说是养老保障权利，但从经济方面来看，它又和经济权利相关联。这些权利既有政治权利成分，又有经济权利的色彩。社会权利有广义和狭义之分。广义的社会权利（积极权利）与政治权利对应，是指经济、社会和文化权利。狭义的社会权利是与政治和经济权利相对的权利。我国公民的社会权利（狭义）主要有：养老保障权利、受救助权利、最低生活保障权利、受教育权利、医疗健康权利等。当然，随着社会的发展，公民权利的内容也不断丰富和发展。文化权利是指公民享有的文化生活和教育相关的权利。依据法律规定，我国公民的文化权利主要有：受教育权利、参加各种文化活动的权利、享受科学进步及其带来的利益的权利、专利保护权利等。随着经济社会的发展和人们对公民权利研究的拓展，公民权利体系分类不断发生位移。如人身权是在现代化进程中对人的重视而渐进形成的公民权利体系中的一类，包括生存权、生命权、人格尊严权、身份权、人身安全权、人身自由权等，这种权利是否能够成为独立的权利理论界尚存争议。传统理论把公民人身自由权利归为政治权利，但笔者认为，由于人身权利类别所包含的具体权利较为丰富，与我国所强调的以人为本原则一致，因而能独立成为公民权利体系中的一类。

二、公民权利与反腐败

一个国家的公民如不能充分地享有和行使公民权利，对政府及其官员行为进行有效监督，那么官员的腐败行为势必难以避免。可见，公民权利与腐败存在关联。

（一）古今中外腐败含义之界定

在中西方学界，至今尚未有一个普遍公认的腐败定义。从概念上来讲，腐败有广义与狭义之分。广义的腐败是指以权谋私、生活腐化和思想领域的腐蚀；而狭义的腐败是指公权力行使者滥用权力进行谋私的行为。不论广义的腐败，还是狭义的腐败，对国家的经济建设与社会的繁荣稳定，都具有极大的负面影响。

人类历史表明，腐败是人类在社会发展过程中的必然产物，是一种古老的全球性政治毒瘤。战国时期，秦国了解到后胜（齐王建的宰相）贪财的秉性后，以重礼行贿，后胜禁不住美女、重金的引诱，暗中相助秦国。当秦国侵略其他国之时，后胜向齐王进谗言，导致齐王对秦国的野心视而不见、偏安一隅，待秦国吞并其他诸侯国后，大举伐齐，齐国因后胜当政，朝纲混乱、兵士软弱，因此，秦军以摧枯拉朽之势一举灭齐国。齐国灭后，秦王并没有奖励后胜，反而将他赐死。后胜虽死，但并没有死得其所，他的所作所为，直到今天一直被世人所唾骂，成为千古罪人；同时，后胜的死告诫了贪腐者，不论是哪朝哪代的统治者都痛恨腐败，不论“后胜”们的功劳有多大，也不管地位有多高，最终将受到惩处。在国外，因腐败而亡国的例子数不胜数，强大的古罗马帝国的灭亡，就很好地证明了这一点。罗马帝国后期，贵族阶层挥金如土、纸醉金迷、沉溺酒色，这种奢侈之风越演越烈，最终导致了古罗马帝国的灭亡。再看近代，腐败问题和现象不仅没有销声匿迹，反有愈演愈烈之势。19 世纪上半叶，英国各级议会诸多议席甚至标价竞卖，候选人贿买选民、操纵选举之事习以为常。20 世纪，不少西方国家的主要政党接受非法政治献金事件不断。“二战”后，意大利主要政党甚至按政党实力分肥，明目张胆地收受企业回扣，每年金额达数亿美元。一些发展中国家经济社会转型中权力腐败同样异常突出，执政党、当权者利用权力行贿受贿、贪赃枉法。如印尼苏哈托家族专权腐败，聚敛资产数百亿美元，巴基斯坦本・阿里、穆巴拉克家族侵吞、掠夺国家数十亿到数百亿美元财产。柬埔寨、菲律宾的情况也如出一辙。2011 年以来，“阿拉伯之春”风暴席卷了突尼斯、埃及、利比亚三个独裁政权，这些国家最终丧权亡党的教训非常深刻。在俄罗斯，官员贪污金额总数已占 GDP 的 50%。2011 年，“透明国际”年度清廉指数排名，俄罗斯在 182 个国家中排在第 143 位。俄罗斯 80% 以上的官员存在腐败行为。20 世纪 60 年代末 70 年代初的香港是亚洲贪污腐败最严重的地区，当时的香港贪污横行。身为总警司的葛柏（Peter F. Godber），其不明财产合计 437 万港币（当时是天价），在警方拘捕他之前，他利用在警方的关系潜逃回英国。一华人探长被判充公 1 600 万巨款，他当场开出一张 1 200 万的现金支票缴付，可见其贪污的严重程度。从以上例子中，我们不难看出，腐败问题是古今中外各国都存在的通病，它会成为侵蚀国家大厦的白蚁。腐败的猖獗，加上一个国家的经济不景气，足以颠覆一个国家政权。从长远看，猖獗的结构性腐败会败坏一个民族的道德和文化，形成一种腐朽的道德和文化。具体而言，在现代社会，其危害表现在：一是严重损害法律公信力和政府公信力。

二是腐败与官僚化和低效率形成恶性循环，导致国家财产受到严重侵蚀。官僚化和低效率迫使人们行贿；而行贿又使官僚化和低效率更加严重。利用权力侵占国家财产、利益交换以及各种税收流失等手段，使国家财产、财政收入受到严重损失。三是腐败会严重削弱经济竞争力。腐败致使企业增加经营成本，抑制科技创新，使市场秩序和经营环境恶化，进而使企业活力、生产效率和经济竞争能力受到严重影响。四是如果腐败不能有效遏制，容易引发民怨和众怒，特别是在金融危机、物价上涨和大量失业情况下，腐败问题成为民众走上街头和反对政府的导火索，这样将会引发社会动荡甚至政权危机。总而言之，腐败会严重阻碍经济、社会发展，造成贫富不均、社会各阶层之间矛盾激化，极端情况下可能导致社会动荡、激发政治危机。腐败会降低资源配置效率，改变政府和私人部门的投资决策，使公共卫生和教育的质量和数量水平下降，造成严重的“内耗”并最终阻碍经济增长。

腐败在不同的国家、不同的时期有不同的表现形式。现阶段，我国腐败的形式主要表现为：税收流失性腐败、地下经济腐败、公共投资与公共支出性腐败和寻租性腐败、交易性腐败、占有性腐败、垄断性腐败、流失性腐败、支出性腐败、挥霍性腐败、决策性腐败、经营管理性腐败、吏治性腐败和数字“掺水”性腐败、经济性腐败、政治性腐败和社会性腐败等。经济性腐败是指侵吞、挪用国家财产的腐败行为，经济管理部门和行业的垄断管理所导致的腐败行为，海关、税收等部门违法造成国家财产损失的腐败行为，大型工程建设中的腐败行为，政府经济决策中的腐败行为；政治性腐败是指买官卖官、跑官要官、人事腐败、权钱交易等腐败行为，贿赂选举等腐败行为和司法腐败；社会性腐败是指公款吃喝、公款挥霍浪费的腐败行为，官僚主义导致的腐败行为以及谋取灰色收入等腐败行为，各种人情关系造成权力滥用的腐败行为。不论是哪一种类型、哪一种形式的腐败，都是影响一个国家发展和稳定的毒瘤。

腐败产生的原因多种多样。一般理论认为，在社会物质生产能力不够发达、社会变动比较大、制度设计不够合理、收入相对低下、在金钱和美色等利益诱惑的情况下，容易产生金钱腐败现象。从历史上看，贪财、恋色、徇私、攫权是四大主要动因；当然，也有一些腐败分子因为亲情、友情而腐败，特别是当权力行使者在失意、沮丧、失衡、松懈、狂妄等情绪泛滥之际，心理一时失衡以致堕落腐败。具体表现为：

1. 道德规范的失序

大量事实强有力地证明，行政腐败往往源于行政伦理的丧失。由于人的自利性决定了部分政府官员容易把权力转化为寻租收益，导致部分政府官员的腐败。利用关系谋取经济利益就成为腐败的一个重要手段。

2. 制度规范的不完整

制度失序也是导致腐败现象频发的重要原因。制度规范的不完整容易导致官员利用手中的权力寻租。在监管不力和不到位的情况下，难免会出现各级官员贪污腐败的现象。制度越规范，腐败程度越低，这是一条已被历史证明的规律。

3. 规则意识的淡漠

一个国家官员和普通民众的规则意识强弱情况，也会影响腐败现象存在的程度。规则意识强的国家，官员和人们徇私腐败的兴趣和动机会低，反之，规则意识弱的国家，官员和人们徇私腐败的兴趣和效益会高。如果一个国家历史传统上没有腐败的文化，那么其现实中也会没有或很少出现腐败问题。

不论是道德规范的失序，还是制度规范的不完整，抑或是规则意识的淡漠导致的腐败，究其根本症结在于制度的缺失或失灵。因此，从制度上设防和积极应对是惩治腐败的有效之策。

（二）公民权利与反腐败

法国伟大的启蒙思想家、法学家孟德斯鸠指出，一切有权力的人都容易滥用权力，这是万古不易的一条经验。有权力的人们使用权力一直要到遇到有界限的地方方可休止。权力在运行过程中具有变异性。政治权力一旦形成，往往表现为独立于公民权利之外、凌驾于公民权利之上的一种物质力量。政治权力变异的常规性外在表现是权力腐败，发端于对公民权利的藐视，过程于对政治权力的经营，毁灭于群众基础的丧失。如何制约和监督权力以预防和惩治腐败呢？赋予公民切实的政治权利并让其积极行使是重要之举。美国当代著名国际政治理论家塞缪尔·亨廷顿（Samuel P. Huntington，1927—2008）指出“个人服从社会不是因为他比管理社会的那些人低劣，也不是因为他管理自己的能力不如别人。个人服从社会，是因为他明白与同胞联合起来对自己有利，知道没有一种发生制约作用的权力，就不可能实现这种联合”。但要使个人真正地服从社会，服从政府，政府的权力必须为民所谋，必须接受公民监督与制约。这是因为，一方面，公民的权利决定了公共管理权力的来源和构成；另一方面，公共行政权力具有指向特定公共空间的强制性影响能力。在权力没有限制情况下，强制影响力容易转变为任性、剥削、压迫和控制。

三、依宪治国背景下公民政治权利制度建设的对策与措施

（一）依宪治国背景下公民政治权利制度建设之对策

中共党的十八大以来，以习近平同志为总书记的党中央重拳反腐，不断加大反腐败力度，取得举世瞩目的成绩。四中全会《中共中央关于全面推进依法治国若干重大问题的决定》指出：发挥市民公约、乡规民约、行业规章、团体章程等社会规范在社会治理中的积极作用。这充分表明了公民在法治体系建设中的重要地位。显然，对中国来说，发动民众的直接参与，是决定法治建设成败的关键与根本。公民对法治价值有着深切的关怀，是推进法治建设最广泛、最基础、最深厚的动力之源和保证公民权利的最根本保障。公民权利是国家权力和社会权利的最终来源，也是法治体系具有合法性的基石。国家权力和社会权利，归根结底能复原为公民权利。如果公民权利保障法治化，法治得到普遍的接受，就能实现自觉的全民守法。当下，在反腐倡廉等方面，民间力量与日俱增地展示出勃勃的生机和活力，其中所蕴含的公民权利的潜在内容与趋势是我们不能漠视的。

（二）依宪治国背景下完善公民权利保障之措施

1. 采取切实措施，保障公民权利

人类社会发展的历史表明，只有当公民权利受到重视并真正得到维护，公民内心才能对依法治国产生认同和信任乃至信仰，并逐渐形成一种普遍的意识，反作用于依法治国。国家应着重从四个方面加大对公民权利的保障：

（1）维护宪法权威。

纵观各国宪法，公民的基本权利和义务的内容通常位于各篇之首。关于

宪法和公民权利的关系，列宁说：宪法是一张写着人民权利的纸。所以，依法治国，首先要确立并维护宪法权威。而维护宪法权威，首先保障的是公民权利。

（2）司法救济公民权利。

立法明示权利当然是公民权利保障的题中之义，也是权利保障的途径之一。但是我们说司法公正、司法救济才是保障公民权利最有力、最实际和最终的方式，是因为保障的含义虽以明文规定为首要，其更实际的东西则在于立法明定的权利受到侵害时的救济，这需要司法公正。其次要坚决惩治司法腐败。对于司法机关漠视当事人权利、枉法裁判、徇私舞弊的行为要依法追究其法律责任。再次要提高司法队伍的综合素质。法治观念、权利意识一定程度上要靠民众对现实法律生活的感知，公民通过法律途径不能伸张正义，权利得不到保障时，就会对国家法制的公平和正义存有怀疑，进而对司法活动产生抵触。

（3）惩治权力腐败。

权力没有约束，就会导致腐败，有效约束公共权力是法治的核心。依法治国的重点是依法治权，而治权的重点又在于治行政权力，确保依法行政。现实生活中，屡屡发生社会公共权力侵犯公民权利的现象。权力和权利的关系处理不好，会直接影响到依法治国的进程。

（4）加大法制宣传力度。

法制宣传不是走形式、发几份传单材料、听几场报告、读几条法律条文就行了，而是要从根本上影响公民心灵深处对法的态度。向广大人民宣传法律、宣传法治思想、宣传依法治国，不应该仅仅着重于法的惩罚功能和警戒功能，更应该大力宣传法为公民权利服务的意识，把公民权利放在第一位，法不过是保障权利的一个工具和手段，依法治国是用法保护老百姓。

2. 公民重视对自身权利的维护

我国是一个具有浓重伦理传统色彩的国家，以德、以贤治天下的人治传统严重影响着法治和权利意识在民众心中的植根，公民法律意识淡薄，使中国法治进程历经波折。当公民自身权利受到侵害时，往往首先是选择私了的方法，其次考虑进行报复，再次习惯于向上级领导反映，即期待“明君”的出现，最后当前面的手段无法保障自身权利时，才会想到求助法律。可见，让公民懂得用法律来维护自身合法权利之想任重而道远。因为依法治国只有通过公民正确行使权利才能实现。公民应该清醒意识到，依法主张权利不仅仅是保护个人权利之需，更是维护国家法制尊严之要。主张个人权利是每个公民对国家实现依法治国的应尽义务。当自己权利遭受不法侵害时都能积极主张、据理力争，用法律捍卫自己的权利，事实上，这就是在捍卫国家法律的尊严、捍卫法治、捍卫国家和社会秩序。

3. 真正实现立法机关对公共权力的监督

我国宪法明确规定，各级人民代表大会是政府、法院和检察院的监督机关，行政机关、审判机关、检察机关要对人民代表大会负责。为此，要通过各种制度安排，让各级人大代表能真真实实地代表人民利益，让社会各个阶层的群体都有来自自己阶层的“心声”，实现监督的全民化、法制化和规范化。

综上所述，我国在反腐败建设中要发挥公民权利的作用，必须健全相关法律制度。在法律上合理界定公民权利范围，使有关法律条文明晰化和具有可操作性，尤其是要明确规定公民的权利内容、权利行使的合理界限以及各项权利的保护措施，为保障公民权利提供明确的法律依据。同时，进一步完善公民权利保障和救济制度，依法保证全体社会成员平等参与和发展的权利。对公民来说，坚持“凡是法律没有禁止的，都可为”的原则；相反，对政府而言，坚持“凡是法律没有授权的，都不可为”的原则。

第五章　反腐立法之本源：我国宪法视阈下廉政制度建设之完善

廉政制度建设和反腐败斗争关系党和国家的生死存亡，腐败是国之大敌、党之大敌、民之大敌。党风、政风的好坏，事关人心向背。党的十八届四中全会提出，“加快推进反腐败国家立法，完善惩治和预防腐败体系，形成不敢腐、不能腐、不想腐的有效机制，坚决遏制和预防腐败现象”。党的十八届四中全会再一次重申了党的十八大报告提出的“坚定不移反对腐败，永葆共产党人清正廉洁的政治本色，反腐败问题解决不好，就会对党造成致命伤害，甚至亡党亡国”这一命题。反对腐败，加强廉政制度建设，是中国共产党和中国政府的坚定立场。

一、廉政与廉政制度建设

（一）廉政的内涵和概念

在我们研究和推行廉政制度建设时，需要对廉政的本意、由来等有一个基本的认识，对廉政的内涵进行科学、准确的界定，以便全面了解和把握廉政的内容、思想、制度等方面。

在古汉语中，“廉”的本意是“堂隅”，“堂”是堂屋、正屋，“隅”是角落、侧边。堂屋一般均是方方正正、规规矩矩；而对于方方正正的堂屋的侧边，更是棱角分明。“堂隅”的引申意，就是方正、高洁、清白、俭约、公平、明察。“廉”字由“广”“兼”组成，含“普遍兼顾”之义，又可引申为公正、无私。“政”指的是行政，就是行使国家权力的管理活动。“政者，正也。”孔子以廉洁正直，阐述廉政之义，“廉政而长久，其行水也。”晏子以水之柔性，犹之人有廉政之质寓意。孟子则以不义之财“可以取，可以无取，取伤廉”，阐明了廉与贪的道德价值取向。我国战国时期已开始对官吏进行考核，其中又以“六计”为主。[①]《周礼·天官·小宰》记载：“以听官府之六计，弊群吏之治。一曰廉善，二曰廉能，三曰廉敬，四曰廉正，五曰廉法，六曰廉辨。”这就是“六计”的标准，并均以“廉”为核心，以“廉”为本，体现了“廉”的基本精神。如果为官治政能保持廉的本质，能做到处事公正、公平、不苟取，为人正直、清白、不奢华，应该说，就是体现了“廉”的基本精神与特色。

在新的历史条件下，廉政依然是研究政府治理的重中之重。党的十八大报告指出，反对腐败、建设廉洁政治，是党一贯坚持的鲜明政治立场，是人民关注的重大政治问题。只有不断提高反腐倡廉建设科学化水平，才能为我们党坚持科学执政、民主执政、依法执政，为巩固党的执政地位提供有力保证。同时，我们也应该看到，廉政的内涵是历史的、具体的，随着廉政研究的深入和廉政制度的完善，人们对廉政的理性认识也越加全面。在学术界，学者们对于廉政有着不同的理解：有学者从现代社会廉政的特征和实质出发，认为廉政包含四个要素：一是“廉正”，指政府及其官员在履行公务、处理问题的过程中廉洁而公正、正直，不贪污、不受贿、不枉法；二是“廉朴”，指政府及其官员取之于民者少而用之于民者多；三是“廉节”，指政府及其官员在国家管理活动和处理与社会公共事务有关的活动中具有清廉无私的品德或节操，也称“廉德”；四是“廉制”，即有关廉政的制度。[②] 也有学者从廉政的内容出发，认为廉政的基本含义有四：其一，就“政局”而言，要造就一个公正廉明的政治局面和政治氛围；其二，就“政制”而言，要建立廉洁高效的政治制度和法律制度；其三，就“政策”而言，要制定并严格实施确保政治清明的政策和措施以取信于民；其四，就“政德”而言，要求各级官吏树立廉洁奉公的官德和不贪不淫的私德以为民之表率。简言之，所谓“廉政”就是公正廉明的政局、政制、政策和政德的良性结合与辩证统一。[③] 还有学者从“廉价”的政府和“廉洁”的政府工作人员出发，认为在我们关注政府廉

---

① 朱红林：《〈周礼〉“六计”与战国时期的官吏考课制度》，《吉林大学社会科学学报》2012 年第 1 期。

② 夏勇：《宪政建设——政权与人民》，北京：社会科学文献出版社，2004 年。

③ 吴光：《廉政的内涵与中国廉政制度建设的历史经验》，《浙江社会科学》2006 年第 3 期。

洁的问题时，还应关注廉价的问题，仅仅做到廉洁的政府还不是一个好的政府，只有既廉洁又廉价的政府才是好的政府。[①] 当然，从文字解释学角度看，“廉”即廉洁，“政”即国家政权机关及其公务活动，廉政即“廉洁的政治”。因为对“廉洁”的判断标准具有时代和个人的主观性及社会的发展性，“政治”也是具体化的时代性概念，所以廉政在不同的语境中和具体范围内呈现出多层次的含义。

（二）廉政制度建设的概念和特点

1. 廉政制度建设的概念

廉政制度建设，顾名思义就是廉洁政治的制度构建和设立。廉政制度建设涉及领域广泛，是一项综合性、全面性的系统工程，包括廉政政治思想建设、廉政文化教育建设、廉政政府的组织机构建设、廉政制度机制建设、廉政法律法规建设以及廉政政府的学习建设等。廉政制度建设与反腐败关系紧密，是一个问题的两个方面。相较反腐败注重从打击的角度惩治腐败而言，廉政制度建设的内容更全面，包含的意义更广泛，更注重从铲除腐败的根源和遏制腐败的制度与体制上消灭腐败。

2. 我国廉政制度建设的特点

（1）体系化。

对于廉政制度建设，在党的十五大以后就提出了坚持标本兼治、综合治理，逐步加大治本的力度，通过深化改革从源头上预防和治理腐败的要求。党的十六届三中全会明确提出，“要建立健全与社会主义市场经济体制相适应的教育、制度、监督并重的惩治和预防腐败体系”。十六届四中全会进一步提出了“坚持标本兼治、综合治理，惩防并举、注重预防”的十六字方针。党的十八大报告又指出“要坚持中国特色反腐倡廉道路，坚持标本兼治、综合治理、惩防并举、注重预防方针，全面推进惩治和预防腐败体系建设，做到干部清正、政府清廉、政治清明”。这是党在廉政制度建设的重大战略决策，体现了着眼全局、遵循规律、注重预防、依靠民主法治和德治多管齐下、标本兼治的综合体系的建立。

---

① 张康之：《论“廉政制度建设”一词的完整内涵》，《中国行政管理》2010年第8期。

（2）制度化。

在坚持依法治国基本方略下，我国重视发挥法律法规制度的规范和保障作用，不断推进廉政制度建设法制化、规范化。以宪法为依据，制定了一系列反腐倡廉法律法规；以中国共产党章程为依据，制定了一系列中国共产党党内制度规定，逐步形成内容科学、程序严密、配套完备、有效管用的反腐败和廉政制度建设体系。如1997年开始试行、2010年修订实施的《中国共产党党员领导干部廉洁从政若干准则》，2007年颁布的《中共中央纪委关于严格禁止利用职务上的便利谋取不正当利益的若干规定》，2009年颁布的《国有企业领导人员廉洁从业若干规定（试行）》，2013年5月发布的《中国共产党党内法规制定条例》和《中国共产党党内法规和规范性文件备案规定》，2013年11月发布实施的《党政机关厉行节约反对浪费条例》，同年12月，党历史上第一次编制的党内法规制定工作《建立健全惩治和预防腐败体系2013—2017年工作规划》也正式发布，预示我国廉政建设的制度化将进一步加强。

（3）多维化。

廉政制度建设关系到党和国家的方方面面，历届党和国家领导人在不同时期、不同会议和场所都谈到要在政治、经济、社会、文化等方面加强廉政制度建设，实现廉政制度建设的多维化。在政治上加强廉政制度建设，是维护人民群众利益的必然要求，才能赢得人心，获得人民群众的拥护；在经济上注重廉政制度建设，是促进社会发展进步的重要保障，才能巩固执政基础，实现党和国家的长治久安；在社会上推动廉政制度建设，是构建社会主义和谐社会的现实呼唤，才能以优良的党风促进政风，带动民风，形成和谐的党群关系；在文化上实施廉政制度建设，是促进文化大繁荣、大发展，建设文化强国的紧迫需求，才能抛弃腐朽的思想观，坚定人民对社会主义制度、全面建设小康社会的信念和信心。因此，深入开展进行廉政制度建设，不是单单在某一方面下功夫，而是要在政治、经济、社会、文化等各方面多维展开，使廉政制度建设无死角，真正做到政治清明、政府清廉、干部清正、社会风清气正。

（4）常态化。

廉政制度建设是党和国家建设事业的一项长期任务，也是社会关注的一个热门话题。历数国家每年召开的重要会议，党和国家领导人几乎每次都谈到了廉政制度建设和反腐败斗争的工作，表明党和政府把廉政制度建设作为党和国家的重要大事来抓，显示了国家的决心和廉政制度建设工作的常态化，以此作为保持党和国家长治久安的坚强后盾。习近平总书记在十八届中央纪委二次全会上强调指出，“反腐倡廉必须长抓不懈，拒腐防变必须警钟长鸣，关键就在‘常’‘长’二字，一个是要经常抓，一个是要长期抓”。由此可以看出，党和国家已经从战略和全局的高度出发，要求建立健全常态化、长效化的廉政制度建设机制，推动廉政制度建设取得实效和长效。

（三）我国廉政制度建设的形成和发展

在我国，廉政制度建设和反腐倡廉制度的思想源远流长。先秦时期的巡视制度、明朝的《大明律》《大诰》等都有对贪污腐败的治理制度。从制度上开展廉政制度建设，更是国外发达国家治理腐败的一条重要经验，英国早在 1889 年就颁布了世界上第一部《反腐败法》，2003 年又公布了新的《反腐败法》草案。北欧各国通过全民参与、他律与自律相结合、完善有效的廉政法律制度，取得了国际社会公认的廉政制度建设成就。《联合国反腐败公约》的签署，则进一步推进了制度反腐的国际化进程。

从我党和国家的反腐败斗争上看，经历了运动反腐、权力反腐和制度反腐的历程。而制度反腐是在反腐倡廉的长期实践中，经过历史检验逐步明确并确立下来的。因为制度具有规范性、强制性、程序性、稳定性的特点，在反腐倡廉中能发挥规范指引、预见制约、惩罚威慑功能。毛泽东同志早就提出，在党内要实行民主集中制的制度；邓小平同志在总结历史经验的基础上提出了廉政制度建设还是要靠法制的战略思想；江泽民同志多次强调，要与时俱进不断推进党和国家各项工作的制度化和法制化；胡锦涛同志在中纪委三次全会上指出，依靠制度惩治和预防腐败是做好反腐倡廉工作的根本途径；习近平总书记在十八届三中全会上提出，坚持用制度管权管事管人，让人民监督权力，让权力在阳光下运行，是把权力关进制度笼子的根本之策。党和国家领导人的制度反腐、廉政制度建设思想在党的工作报告中也得到了充分体现。如党的十五大提出反腐败之中“教育是基础，法制是保证，监督是关键”。十六大进一步提出“加强教育，发展民主，健全法制，强化监督，创新体制，把反腐败寓于各项重要政策措施之中，从源头上预防和解决腐败问题”。十七大提出“在坚决惩治腐败的同时，更加注重治本，更加注重预防，更加注重制度建设，努力拓展从源头上防治腐败工作领域”。十七大还以法定形式确立了“制度建设”在党的建设“新的伟大工程”中的“根本性”地位。十八大又进一步指出，“坚持用制度管权管事管人，保障人民知情权、参与权、表达权、监督权，是权力正确运行的重要保证”。加强廉政制度建设，必须注重抓好廉政制度建设。廉政制度建设这一根本性建设，关系到党和国家的执政能力的提高和执政地位的巩固，深刻影响党和国家的思想建设、组织建设、作风建设，是党和国家的先进性和廉洁性得以充分体现的重要保证。十八大以来，我们党以改进工作作风为有力抓手，加强反腐败体制机制创新和制度建设，出台了一批党风廉政制度建设和反腐败法规制度，有力促进了党风政风乃至社风民风的好转。其中重要的制度有：《关于改进工作作风、密切联系群众的八项规定》《关于党政机关停止新建楼堂馆所和清理办公用房的通知》《党政机关厉行节约反对浪费条例》《建立健全惩治和预防腐败体系2013—2017年工作规划》等，这些制度的出台使我国廉政制度建设迈向了一个新的台阶。

（四）廉政立法是廉政制度建设化、法律化的要求

寻求有效的手段来遏制腐败是现代文明社会的共同追求。邓小平指出，“克服特权现象，要解决思想问题，也要解决制度问题”，“制度好可以使坏人无法任意横行，制度不好可以使好人无法充分做好事，甚至会走向反面”。[①] 廉政制度建设离不开健全的法律和制度，用法律及规章制度来规范和制约公务人员的行为，形成比较完整有效的制约机制，以此防止腐败的发生。在法律及规章制度一旦制定和确立之后，它们的存在和效力就不会以政府机构的变动和领导人的更换为转移，所以也就从根本上获得了稳定有序地进行廉政制度建设的保证。对于当代中国来讲，除了坚定不移地走依法治国的道路，加快民主的进程，加大预防、惩治腐败的法制力度，完善廉政立法体制之外，别无其他更好的途径。[②]

---

① 邓小平：《邓小平文选》，北京：人民出版社，1995年。

② 林喆：《权力腐败与权力制约》（修订本），济南：山东人民出版社，2012年。

我国坚持依法治国基本方略，重视发挥法律法规制度的规范和保障作用，不断推进反腐败和廉政制度建设法制化、规范化。以我国宪法为依据，制定了一系列反腐倡廉法律法规；以中国共产党章程为依据，制定了一系列中国共产党党内制度规定，以此逐步形成内容科学、程序严密、配套完备、有效管用的反腐败和廉政制度建设法律法规制度体系。[①] 可是，尽管这些制度对廉政制度建设起到了很好的作用，但还有很多制度是临时性措施，只能治标而不能治本，还没有从根本上解决问题。直到目前，我们仍缺少一种能对公职人员的日常行为起教育、规范作用，并带有根本防止性和制度性的措施，这就需要对公务人员的行为进行规范立法。此外，党内纪律和政府文件虽然也起一定作用，但缺乏普遍适用性、明确规范性和长期连续性。同时，还由于这些文件的制定缺乏严格的程序，又大多是党内文件，行文简单，执行、监督和惩戒等具体措施不够健全。经验证明，腐败不能靠运动来整治，廉政不能光靠党和政府机关文件来保持。廉政制度建设更重要的是要靠法律、靠制度建设。法律具有权威性、连续性，明确的规范性和强制性等特点，通过明令公布，便于广大群众监督实施。通过立法规范公职人员的日常行为，不但对反腐败能起到一种防止和惩戒作用，而且还会对人们起到经常性的教育作用，使廉政收到较为明显的效果。

目前，我国的廉政法律及其制度、措施还很不健全，特别是在对腐败行为的预防、抑制和惩治方面，缺乏相应的有效的法律机制。比如我国现行《宪法》中并没有关于廉政制度建设的具体规定，使得廉政法律法规的出台明显缺乏宪法依据。同时也没有一部统一的廉政立法，造成廉政制度建设缺少廉政基本法的指导。虽然早在 20 世纪 80 年代，就有人大代表提出过立法反腐的问题，但直到 2015 年 3 月，我国才把推进反腐败国家立法作为全国人大的重点工作计划。总之，加强廉政立法是我国一项长久的、带根本性的廉政制度建设，它是预防和治理腐败的有效措施。全国人大及其常委会应尽快把廉政立法作为当前立法的一项重要任务，争取早日在我国建立起一套较完备的廉政法律体系。

---

① 国务院新闻办公室：《中国的反腐败和廉政制度建设》白皮书，2010 年 12 月 29 日发布。

二、廉政制度建设在我国宪法中的体现

我国现行《宪法》是在1982年12月4日经第五届全国人民代表大会第五次会议通过实施，并在1988年、1993年、1999年和2004年四次修正。我国宪法是我国的根本大法，是治国安邦的总章程，是保持国家统一、民族团结、经济发展、社会进步和长治久安的法律基础，是中国共产党执政兴国、团结带领全国各族人民建设中国特色社会主义的法律保证。在宪法根本大法的统领之下，我国各项社会、政治、经济、文化等制度都得以确立。在廉政制度建设方面，虽然目前我国还没有专门的廉政法，但在以宪法为核心的各项法律法规中，对廉政制度建设的内容都有各自的体现。主要体现在以下方面：

（一）反对官僚，接受人民监督制度

我国《宪法》第27条规定："一切国家机关实行精简的原则，实行工作责任制，实行工作人员的培训和考核制度，不断提高工作质量和工作效率，反对官僚主义。一切国家机关和国家工作人员必须依靠人民的支持，经常保持同人民的密切联系，倾听人民的意见和建议，接受人民的监督，努力为人民服务。"

《辞海》对"官僚主义"的解释是："指脱离实际、脱离群众、做官当老爷的领导作风。如不深入基层和群众，不了解实际情况，不关心群众疾苦，饱食终日，无所作为，遇事不负责任；独断专行，不按客观规律办事，主观主义地瞎指挥等。有命令主义、形式主义、文牍主义、事务主义等表现形式。官僚主义是剥削阶级思想和旧社会衙门作风的反映。"官僚主义的主要表现和危害是命令主义、形式主义等：高高在上、滥用权力、脱离实际、脱离群众、好摆门面、好说空话、思想僵化、墨守成规、机构臃肿、人浮于事、办事拖拉、不讲效率、不负责任、不守信用、动辄训人、打击报复、压制民主、欺上瞒下、专横跋扈、徇私行贿、贪赃枉法等。由此可见，官僚主义给廉政制度建设带来很多危害，既危及我党长期且稳定的执政地位，也会引起全社会的普遍不满，与党的事业和人民的利益格格不入。

我国廉政制度建设离不开人民群众的监督，只有廉政制度建设做好了，

才能更好地为人民服务。人民群众是社会主义国家的主人，社会主义现代化建设事业必须依靠人民。国家机构及其工作人员本身就是人民民主专政的武器，其任务就是反映人民的愿望和要求，倾听人民的意见和建议，尊重人民群众的主人翁地位和首创精神。在国家机构及其工作人员履行职责的过程中，人民有权通过各种途径和形式对他们实行监督，以保证其不折不扣地代替人民行使权力，全心全意为人民服务。

（二）选举制度

我国《宪法》第34条规定："中华人民共和国年满十八周岁的公民，不分民族、种族、性别、职业、家庭出身、宗教信仰、教育程度、财产状况、居住期限，都有选举权和被选举权；但是依照法律被剥夺政治权利的人除外。"

廉政制度建设是一项综合性的工程，它涉及我国政治制度的每一个环节，为政不清廉现象的出现，与政治制度的这些环节所存在的问题密不可分。选举制度则是这些环节中的重要一环。廉政现象与我国选举制度的利弊既具有直接的关系，又具有深层而重要的间接关系。①

《中国大百科全书》认为，选举制度是"选举国家各级代表机关的代表和其他公职人员的原则和制度的总称"。选举制度集中表现在宪法和有关选举的法律规范中。选举制度既是一种政治制度，也是一种法律制度。国家通过一系列方法来规范选举活动以保证国家政权机关得以依法顺利产生。选举制度可以为选民选出自己信赖的代表组成国家机构，从而为实现国家权力的转移提供了制度保障，同样，选举制度也为选民监督权力行使者，并在一定条件下更换权力行使者提供了重要途径。所以，选举制度具有双重作用，既可为权力的取得提供机会，也可对权力的运用实施监督。选举制度在廉政制度建设中的作用，就是要通过选举的推选与不推选，或者放弃的方式来实现对被选举者的遴选，从而推选出符合大多数人共同要求的执政者，以实现大多数人的政治诉求。如果当选的执政者出现贪污受贿，损害了国家和社会利益，选民则可以通过罢免等方式使执政者无法继续执政，从而保证了政治机构和

---

① 王玉明：《完善选举制度　促进廉政制度建设》，《中国人民大学学报》1991年第5期。

人员的廉明公正。

（三）举报制度

我国《宪法》第41条规定："中华人民共和国公民对于任何国家机关和国家工作人员，有提出批评和建议的权利；对于任何国家机关和国家工作人员的违法失职行为，有向有关国家机关提出申诉、控告或者检举的权利，但是不得捏造或者歪曲事实进行诬告陷害。对于公民的申诉、控告或者检举，有关国家机关必须查清事实，负责处理。任何人不得压制和打击报复。"

举报是指单位和个人对涉嫌不道德、违纪、违法、犯罪等行为通过来人、信函、电话等可能的方式向国家司法机关、政府机关或组织进行检举和控告的行为。目前，我国各级党政机关和司法机关设立的监察机构都可以作为举报的受理机关来受理举报案件线索。举报制度是我们党和国家群众路线的具体体现，是专门机关和群众相结合共同实现有效监督的重要形式，能够揭露违法乱纪行为，打击违法犯罪活动，震慑违法乱纪分子和预防违法犯罪，从而有利于开展廉政制度建设活动。

1995年中共中央纪律检查委员会、中央监察部为了保障检举、控告人依法行使检举、控告的权利，维护检举、控告人的合法权益，促进党风廉政制度建设和反腐败斗争，根据《中国共产党党员权利保障条例》和现行监察法律、法规，制定了关于保护检举、控告人的有关规定。任何单位和个人有权向纪检监察机关检举、控告党组织、党员以及国家行政机关、国家公务员和国家行政机关任命的其他人员的违法违纪行为，任何单位和个人不得以任何借口进行阻拦、压制。纪检监察机关受理检举、控告和查处检举、控告案件，必须严格保密。其中特别规定，任何单位和个人不得擅自追查检举、控告人。对确属诬告陷害，需要追查诬告陷害者的，必须经地、市级以上（含地、市级）党的委员会、政府或纪检监察机关批准。对受理机关工作人员的回避、进行打击报复的情况的处理，也有明确的规定。

（四）审计监督制度

我国《宪法》第91条规定："国务院设立审计机关，对国务院各部门和地方各级政府的财政收支，对国家的财政金融机构和企业事业组织的财务收支，进行审计监督。审计机关在国务院总理领导下，依照法律规定独立行使审计监督权，不受其他行政机关、社会团体和个人的干涉。”

审计是指审计机关依法独立检查被审计单位的会计凭证、会计账簿、会计报表以及其他与财政收支、财务收支有关的资料和资产，监督财政收支、财务收支真实、合法和效益的行为。国务院和县级以上地方人民政府设立审计机关。审计机关依照法律规定独立行使审计监督权，不受其他行政机关、社会团体和个人的干涉。审计监督制度的设立与完善，有利于维护国家财政经济秩序，提高财政资金使用效益，促进廉政制度建设，保障国民经济和社会健康发展。

积极发挥审计监督作用，建立健全的惩治和预防腐败体系，是推进廉政制度建设的首要要求。审计监督的特点决定了它在廉政制度建设中的重要作用，不仅可以揭露腐败行为产生的原因、腐败本质以及腐败的危害，警醒广大干部和群众自觉地同一切腐败行为作斗争；又可以对腐败行为起到惩治和威慑作用。同时，审计监督还能够约束社会经济组织的违法违纪行为，能够约束党政机关的经济行为，促使有关单位和人员在行使职权、开展经济活动中奉公守法、清正廉洁，防止权钱交易而导致腐败现象。

（五）法律监督制度

我国《宪法》第 129 条规定：“中华人民共和国人民检察院是国家的法律监督机关。”

法律监督在广义上是指国家机关、政治党派、企业事业单位、社会团体及其他社会组织、公民、新闻媒介、社会舆论等依照法律规定和法定程序，对法律在社会中的实施情况所进行的监察与督促。在狭义上则指专门国家机关依照法定职权和程序对法的实施所实行的监察与督促。[①] 在我国，法律监督特指人民检察院的监督。人民检察院对国家工作人员贪污、贿赂、挪用和渎职侵权案件的侦查权是法律监督和反腐败的重要手段，应该强化而不能削弱。与此同时，根据法律监督和廉政制度建设的需要，人民检察院对经过初查或侦查认定够不上犯罪，但属严重违法行为的干部，应增设向权力机关和干部

① 葛洪义：《法理学》，北京：中国政法大学出版社，1999 年。

管理部门提出检察建议和建议罢免的权力。

法律监督是制约腐败促进廉政制度建设的一种最有效最可靠的手段之一。腐败的核心问题和主要表现是权力的腐败，即个别国家机关及其公职人员，把党和人民赋予的权力变成了谋取个人私利的工具，利用手中所掌握的权力谋取个人私利，搞权钱交易、权物交易、权人交易、权权交易，使其权力的行使背离了人民的要求。要惩治腐败，首先就应惩治国家机关中的权力腐败，就应加强对国家机关及其工作人员的权力活动和权力行为进行法律制约和法律监督；其次同样需要靠法律制约机制和法律监督机制才能真正实现。进一步完善法律监督体系，加强法律监督力度和广度，是惩治腐败和加大廉政制度建设的有力措施。

三、我国宪法关于廉政制度建设存在的不足和完善

（一）我国宪法视阈下廉政制度建设存在的不足和缺失

1. 我国宪法缺失廉政制度建设的明确规定

我国《宪法》是由序言、总纲、公民的基本权利和义务、国家机构以及国旗、国歌、国徽、首都五个部分组成。在形式结构上，我国《宪法》整体上使用了章、条的体例，只有序言部分采用了分段式叙述，没有分章、条，正文部分从总纲开始才以章、条表述。在内容结构上，我国宪法的各个组成部分内容是有机联系的整体，都具有同等的法律效力和法律权威。

通过研读我国《宪法》的全部内容，可发现在我国的宪法条款中没有出现“廉政”“廉政制度建设”及“廉政建设制度”等字样，也没有与廉政制度建设相关的“反腐败”制度的表述，这表明我国宪法对廉政制度建设并没有直接明确的规定。当然这种“没有直接明确的规定”，并不是说我国宪法没有廉政制度建设的体现，实际上我们却能从宪法条款的规定中寻找出相应廉政制度建设的思想，只不过它们是一种非直接的体现。宪法作为我国根本大法，应该是一切法律制度的发源地，是立法之基。我们在研究法律制度时，绝不能抛开宪法，而应深刻理解宪法的内容，仔细领会我国宪法的精神，终究会发现一切法律制度的来源都能在宪法中找到依据。

2. 我国宪法重视廉政制度建设的程度不够

宪法在一国法律体系中往往处于最顶端，是其他法律制定和实施的根据。

对于宪法的修改，有“无限制说”和“有限制说”两种截然对立的观点。[①]当宪法不符合宪法制定者利益及不能满足社会实际需要的内容时，宪法的修改还是必要的。我们应该认识到，宪法的修改绝不是一项简单的法律修正，必须要遵循宪法修改的一些基本原则。

我国现行《宪法》是在1982年制定，并经1988年、1993年、1999年和2004年四次修正的。如果从宪法制定和修改的时代背景等各方面综合来看，当时国家权力机关并没有把廉政制度建设和反腐败作为立宪和修宪的重点工作来抓，在宪法条文中也没有出现关于廉政制度建设和反腐败的内容，表明当时我国宪法对廉政制度建设的重视程度还不够，或者说党和国家在当时还没有把廉政制度建设的重要性放到宪法的高度去考虑。然而，从我国现在所处的廉政制度建设和反腐败斗争的形势来看，廉政制度建设和反腐败已关系到党和国家的生死存亡，关系到党和国家事业的兴衰成败，必须要把廉政制度建设及惩治和预防腐败的要求融入政治、经济、法律等领域各环节改革之中，必须坚持超前思考，强化顶层设计，注重统筹规划，只有这样才能为我国全面深化改革提供坚强后盾。

3. 我国宪法体现廉政制度建设的内容不多

我国《宪法》尽管在条款中没有直接表述廉政制度建设，也没有针对反腐败做出制度上的安排，但我们不能否认的是，廉政制度建设和反腐败制度并不仅仅只是通过文字的直接表述来展现，其仍可以间接地体现在其他很多方面。比如官僚主义可能会产生腐败，而对于如何预防和惩治腐败，在我国《宪法》中就有“一切国家机关和国家工作人员必须依靠人民的支持，经常保持同人民的密切联系，倾听人民的意见和建议，接受人民的监督，努力为人民服务”的规定。通过人民群众的监督，赋予社会以批评、建议、申诉、控告和检举等权利，可以建立起相应的廉政制度。由此我们还看到，在审计监督和人民检察院的法律监督等监督机关的专门监督下，对于加强我国的廉政制度建设同样也起到了至关重要的作用。

廉政制度建设已在我国宪法中得以体现，但我们是否就可据此认为廉政制度建设内容已在我国宪法中非常完备呢？我国宪法规定的廉政制度建设内

① 柳飒、涂云新：《宪法修改的限制理论与宪法核心之保障》，《政治与法律》2013年第8期。

容还不是很充分，这既表现在我国宪法体现廉政制度建设的内容不多，也表现在与其他国家宪法内容规定的对比上。比如有些国家在宪法中对国家公职人员的在职行为进行了明确规定，使公职人员在行为上受到很多限制。美国《宪法》第2条第4款规定："合众国总统、副总统及其他所有文官因叛国、贿赂或者其他重罪或轻罪而被弹劾并判罪者，均应免职。"新加坡《宪法》第2条第2款规定："总统不得担任任何营利性的职位，并不得积极从事任何商业活动。宪法规定禁止担任营利职位和从事经商活动的主体，不仅包括总统，而且包括内阁成员。"菲律宾《宪法》规定："总统、副总统、最高法院法官以及所有其他公职人员和雇员不得贪污受贿。"就我国宪法来说，没有对国家公职人员的在职行为做出限定，也就造成了我国宪法在廉政制度建设内容上还不够全面和完善。

（二）我国宪法廉政制度建设的完善进路

"腐败行为对任何实现现代化理想的努力都是十分有害的，腐败盛行造成了发展的强大障碍与限制"，同时它"降低人们对政府及其机构的尊敬与忠诚"。[①] 在我国，腐败的蔓延发展，已严重破坏和阻碍社会主义市场经济体制的正常发育和经济建设的健康发展。同时，日益严重的腐败现象实际上阻碍着我国宪法价值的实现。[②] 自我国现行宪法在1982年颁布后，宪法在社会生活中发挥了重要作用，所取得的成就有目共睹。然而，我国宪法在廉政制度建设方面的实施效果却并不理想。虽然我国学者对廉政问题的关注是空前的，也发表了不少研究成果。但在研究中却对腐败与宪法的关系缺乏必要的研究，也没有将廉政制度建设纳入到宪法条款内容的总体框架之中去进行研究。为政清廉是我国社会主义的本质属性之一，任何形式的腐败行为都有悖于我国宪法的基本原则，同社会主义制度的性质根本不容。因此，完善我国宪法中的廉政制度建设也是我国廉政建设的重要内容。

1. 在我国《宪法》序言中体现廉政制度建设思想

一般来说，各国在宪法中都有序言，把不宜在宪法条款中表述，但又必

---

① ［瑞典］冈纳·缪尔达尔著，谭力文、张卫东译：《亚洲的戏剧——对一些国家贫困问题的研究》，北京：北京经济学院出版社，1992年。

② 韩大元：《亚洲立宪主义研究》，北京：中国人民大学出版社，1996年。

须说明的内容通过序言进行表达。对于序言的内容，往往涉及国家立宪的历史发展背景、立场和基本原则等，是国家要通过宪法反映的重要内容。

我国《宪法》序言是我国宪法的重要组成部分。我国宪法的序言具有丰富的历史和现实内涵，是我们正确理解宪法、准确适用宪法、指导和推进社会主义现代化建设各项事业的重要依据。我国《宪法》序言指出了我国的历史发展进程，总结了中国人民革命胜利和建设事业的历史经验，全面概括了宪法的地位和法律效力。从我国《宪法》序言的13个自然段共1 900多字来看，其中并没有显示廉政的制度和思想，也没有体现出反腐败的规定和内容。但是，从我国反腐败所面临的形势上看，廉政制度建设已到了刻不容缓的地步。“腐败问题解决不好会导致亡党亡国”，“腐败问题越演越烈，最终必然会亡党亡国”，在国家领导人的反复告诫中，反腐败斗争的严峻性确实振聋发聩、发人深省。因此，为了显示我国对反腐败和廉政制度建设的重视和决心，有必要在宪法中通过宪法序言来体现廉政制度建设的思想。在宪法作为国家根本大法的指导下，可以再行制定廉政制度建设的法律法规，形成以宪法为核心、专门廉政制度建设为配套的完整的廉政制度建设法律体系，从而奠定我国反腐的宪法基础，进而提高我国廉政制度建设的地位，有利于我国全面开展反腐败斗争和建立廉政制度。

2. 在我国《宪法》总纲中规定具体廉政制度建设内容

由于宪法序言表达内容的局限性，宪法的很多内容需要通过宪法序言以外的条文进行规定，这样才能使宪法针对具体制度更加详细地进行规定。

我国《宪法》总纲共32条，规定了政治制度、经济制度、文化制度与和谐社会制度构建等，覆盖了我国重要的社会主义制度内容。但同样的是，在我国这些重要的制度中，仍然没有规定廉政制度建设内容。而我们清楚的是，廉政制度建设与政治制度、经济制度、文化制度等密切相关，如果没有廉政制度保驾护航，国家的政治、经济和文化等各项制度不可能建设好，也迟早会出现问题。反观美国、新加坡、芬兰等国家，它们均在宪法中以具体的制度来规定廉政制度建设，使廉政制度建设达到了最高的法律地位，从而也奠定了廉政制度建设的宪法基础，为整个国家的廉政制度建设提供了指导方向。所以在我国《宪法》总纲中，可根据需要从以下三方面明确进行规定：

（1）加强廉政制度建设，建立惩治和预防腐败制度体系。

廉政制度建设与反腐倡廉息息相关，关系到党和国家的生死存亡。廉政制度建设和建立反腐倡廉制度体系是廉政制度建设和反腐倡廉的重要保证，是党和国家制度建设的有机组成部分，是社会主义政治文明的重要内容，也是社会主义市场经济健康发展的重要保障。要想深入开展廉政制度建设和反腐倡廉，必须要进行制度建设。廉政制度建设和反腐倡廉制度建设是一项庞大系统工程，既要加强顶层设计，又要注意制度落实；既要从长计议，又要立足解决眼前反腐败工作面临的实际问题，这样才有利于廉政制度建设和反腐惩防体系的长远建设和发展。

因此，在我国《宪法》总纲中可规定："我国要加强廉政制度建设，建立惩治和预防腐败制度体系。"通过此条的规定，可使廉政制度建设和建立惩防腐败制度体系在宪法中明确，也为我国廉政制度建设提供了宪法依据。根据我国《宪法》的廉政制度建设规定，也就可以出台和颁布相应的廉政法律法规，以此建立反腐倡廉的制度体系。

（2）建立国家公职人员财产申报制度。

透明是腐败的克星，阳光是最好的防腐剂。被喻为"阳光法案"的公职人员财产申报制度，就具有极为重要的反腐作用。美国《宪法》对参众议员工资领取、工资调整等有明确的规定，同时又辅之以 1989 年《道德改革法》（美国财产申报制度的蓝本），要求包括总统、副总统、国会议员、联邦法官以及行政、立法和司法三大机构的工作人员及其配偶或受抚养子女的财产申报资料必须公开，供大众查阅，接受社会监督。新加坡《宪法》禁止国家公职人员经商，保障公职人员较高工资收入。为达到这些要求，新加坡还制定了《财产申报法》《公务员守则和纪律条例》《防止贪污法》等配套规定，构成了新加坡财产申报的法律体系。我国在 1995 年出台了《关于党政机关县（处）级以上领导干部收入申报的规定》、2001 年《关于省部级现职领导干部报告家庭财产的规定（试行）》及 2010 年《关于领导干部报告个人有关事项的规定》，其中均有财产申报的内容。但从实践效果上看，存在着财产申报范围不全、申报的时限和种类不全、受理机构设置不合理和申报结果缺乏法律监督等问题。

财产申报是为了便于检查和监督国家公职人员谋取非法利益的一种预防性廉政措施。在《宪法》总纲中规定国家公职人员财产申报制度，不仅是依法治国的需要，也是开展廉政制度建设和深入实施反腐倡廉的重要手段。通过宪法的立法，不但赋予了国家公职人员财产申报制度法律的权威性、规范性和强制性，也为建立专门的公职人员财产申报法提供了宪法依据，使之有法可依，确保了所有国家公职人员财产申报制度的统一性。

（3）建立国家公职人员行为规范制度。

国家公职人员的行为，在不同的时间和场合，代表着不同的公职行为和私人行为。确立公职人员行为规范的作用在于告诫国家公职人员在他所进行的公务和私人活动中，哪些事不允许做，哪些事允许做，应该怎么做，从而把廉政制度的各种要求化作公职人员的生活准则。在宪法中对国家公职人员的在职行为进行明确规定，已是很多国家的做法。菲律宾《宪法》规定："总统、副总统、最高法院法官以及所有其他公职人员和雇员不得贪污受贿。"美国《宪法》规定："合众国总统、副总统及其他所有文官因叛国、贿赂或者其他重罪或轻罪而被弹劾并判罪者，均应免职。"同时还对外事国家工作人收受礼物等做出限制。新加坡《宪法》规定："总统不得担任任何营利性的职位，并不得积极从事任何商业活动。"芬兰《宪法》要求国家任命公务员的总原则是能力、资格和品德三者兼备。品德可以表现在公务员的行为之中，行为不端者不被录用。

我国宪法欠缺对国家公职人员行为规范的要求。虽然人事部在2002年颁布《国家公务员行为规范》文件，以规范公务员的行为，并对公务员廉洁勤政提出了要求，但从文件的性质上看，其不是法律法规，其规范性和强制性不足。目前，我国公职人员数量庞大，公职人员的行为反映着国家是否廉政，也深刻影响着社会风气。法律强制和道德规范是规范国家公职人员行为的两道门槛。为了克服道德规范约束的随意性和效力弱的局限，一些国家将伦理道德标准纳入法律、法典、法规，以法律形式加以确认和固定，形成了道德规范法规化的趋势。[①] 我国宪法应积极面对国家公职人员行为规范的变化，在我国《宪法》总纲中增加对公职人员行为的规范要求，确立公职人员行为规范的宪法性权威，为建立公职人员行为规范体系奠定基础。

① 张泰峰、Eric Reader：《公共部门人力资源管理》，郑州：郑州大学出版社，2004年。

3. 在我国《宪法》公民的基本权利和义务章节中规定禁止选举中的舞弊行为

选举制度是当代国家政治制度的重要组成部分，已成为世界各国显示其进步程度的标志。在现代社会，选举与选举后的权力有着密切的联系，直接关系到如何公正地组织权力和有效地控制权力。西方国家和我国的选举制度存在着很多不同之处。西方国家的选举往往指有关选举一切公职人员的制度，大多采用直选制；我国的选举制度专指选举各级人民代表大会代表人员的制度，采用直接选举和间接选举相结合。在被选举人提名上，西方国家实行个人申报、政党确定、选区提出的方式；我国实行组织提名和联名提名方式。此外，在对被选举人的了解途径、选举时的监督方式等方面也存在差异。尽管中西方在选举制度方面存在诸多不同，但有一点是相同的，就是要杜绝选举中的舞弊行为，要选举出真正符合民意的被选举人。

为防止选举中的钱权交易和各种舞弊行为，有必要对选举制度进行法律规范。比如西方国家主要是通过建立选举经费的申报制度、对选举经费进行限制、规范选举经费的使用及严惩选举舞弊行为等进行规范。而对于我国来说，选举经费是由国家财政承担，不会存在这方面的问题。我国选举中应主要规范的是选举中的舞弊行为，这种行为已在我国一些地方选举中发生过。因此，在我国宪法规定了公民的选举权和被选举权时，应同时规定禁止选举中的舞弊行为，以保证选举人选举权的正确行使，真正选出为民清廉的人民代表。

4. 在我国《宪法》国家机构章节中增设廉政机构

廉政机构，又称反腐败机构，是指国家为了保证廉政法律的实施，教育、预防、调查、惩处人们的腐败行为而设置的专门的或兼职的权力机构。廉政机构是国家廉政体系的重要支柱之一。[①] 美国廉政机构众多，立法、司法、行政部门都设有廉政机构负责本系统的廉政工作。如参议院有廉政委员会，众议院有行为标准委员会，司法系统有全国司法会议，行政系统有政府道德署；除此之外，还有一些跨系统的廉政机构，如独立的检察官、司法部门等。新加坡内阁设立了两个专门监察政府官员的专职机构：廉政署和贪污调查局。

① 黄晓辉：《关于我国廉政机构建设的思考》，《学术界》2011 年第 4 期。

廉政署专门负责监督公务员申报个人财产和收入；贪污调查局调查公共服务部门和政府法定机构中的所有贪污嫌疑，负责向检察机关提请起诉包括行贿、受贿在内的贪污案件，研究贪污案件，提供防范方案。韩国的廉政机构主要有腐败防止委员会、监察院和检察机关等。除了美国、新加坡、韩国等国建立了廉政机构之外，世界其他国家和地区也基本都有专门的廉政机构。同时各国再辅之以廉政立法、廉政制度和廉政教育，形成了各国特色鲜明的廉政体系，其中有些做法和经验也很值得我们学习和借鉴。

目前，我国反腐败机构主要是纪律检查机关、行政监察机关、审计机关、人民检察院及国家预防腐败局。纪律检查机关是党的纪律监督机关，行政监察机关是政府的行政监督机关①，审计机关是政府的经济监督机关，人民检察院是国家的法律监督机关②，国家预防腐败局③是国家级的专门预防腐败的机关。此外，如权力机关、审判机关、公安机关、经济监管机关以及政协、人民团体、新闻媒体等，也从不同侧面、不同渠道、不同方式发挥着一定的廉政监督和反腐败作用。总体上看，我国已形成了分工明确、专兼结合、惩防并举的廉政机构体系，并在反腐败斗争中做出了积极的贡献。当然，从我国廉政建设的需要上看，廉政机构也存在一些不足，要从机构设立、职责分工、职能整合等方面进行统筹规划。因此，在现有廉政机构的基础上，可以考虑在宪法国家机构中增设以下廉政机构：

（1）设立全国人民代表大会廉政委员会。

在全国人民代表大会内部增设廉政委员会作为专门委员会，专司负责廉政工作。增设廉政委员会，其对于廉政工作的重要性已无须赘言，设立的合理性及其职责定位应是我们考虑的主要方面。在最高权力机关内部设立廉政委员会，是为了加强对政府、司法部门的廉政工作监督，听取有关部门的汇报，并可经常检查督促有关部门执行廉政法律和反腐败方面的工作，这是权力机关对其他廉政机构的上一级监督，也是权力机关行使廉政监督的直接方式。廉政委员会还有更为重要的职责是负责监督、检查由人大选举任命的国

① 1993 年 1 月开始，纪律检查机关和行政监察机关合署办公。

② 1989 年后，人民检察院内部还设立了“反贪污贿赂工作局”，作为专职反贪污贿赂机构。

③ 国家预防腐败局成立于 2007 年 9 月，列入国务院直属机构序列，在监察部加挂牌子，由监察部部长兼任国家预防腐败局局长，主要负责全国预防腐败工作的组织协调、综合规划、政策制定、检查指导以及预防腐败的国际合作和国际援助。

家机关领导人的为政清廉情况，受理人民群众对他们不廉洁行为的检举控告，若认为必要，可指定有关机构进行调查或亲自进行调查，负责接受、审查和公布上述国家机关领导人的财产申报。同时，廉政委员会为适应廉政立法的需要，可以负责起草或组织草拟有关廉政方面的法律议案，为廉政立法做好充分准备。

（2）设立国家防治腐败院。

当前，我国国家级的预防腐败专门机构是国家预防腐败局，属于国务院直属机构，负责全国预防腐败工作及国际合作和国际援助等。从职责上看，国家预防腐败局承担的主要是对腐败的预防工作，其机构地位为政府下的部门机构，缺乏权威性和综合性，也难以承担起统揽全国反腐败工作的重任。[①] 为此，我们需要建立一个隶属于国家权力机关，直接对权力机关负责，具有权威性、综合性和独立性，享有充足资源和充分权力的专门负责廉政建设和反腐败的机构，这个机构可以称为国家防治腐败院。国家防治腐败院可放在宪法的国家机构之中，由全国人民代表大会选举产生，并对全国人民代表大会直接负责，形成与国务院、最高人民法院、最高人民检察院相并列的格局。设置高规格的国家防治腐败院，目的是在最高国家权力机关的直接领导下，突出我国廉政建设和反腐败工作的重要性，体现出部门的权威性和专门性。在国家防治腐败院工作机构和工作人员的配置上，都应提出最高的要求，要求能够保证对工作的高度忠诚和绝对纯洁，能够承担起党和国家赋予的廉政建设和反腐败重任。

（3）设立廉政纪律道德督察。

廉政建设，不仅要靠廉政法律来规范行为，也要通过廉政道德来约束行为。相比于廉政法律的“硬约束”，廉政道德的“软约束”可影响的范围更加广泛，能够弥补廉政法律的不足，起到查漏补缺的作用。在我国国家机构中的一些部门，特别是可能严重滋生腐败的部门，如工商、税务、海关、公安、城市建设和道路交通建设、土地资源管理、金融机构以及其他掌握一定审批权的部门中，可通过设立廉政纪律道德督察来加强廉政建设的道德约束。设立廉政纪律道德督察，可根据情况设在国家、省、市及县的部门机构中，

① 黄晓辉：《关于我国廉政机构建设的思考》，《学术界》2011 年第 4 期。

下级廉政纪律道德督察要接受上级廉政纪律道德督察的领导和监督。专门廉政纪律道德督察人员的主要任务是：监督国家廉政法律在本部门的执行，起草本部门有关廉政的纪律道德守则和办事制度，受理本部门有关人员的财产申报，注意及时发现和揭露有关官员的腐败行为，对本部门人员进行经常性的廉政教育，受理群众对本部门人员腐败行为的检举和控告等。

（4）建立廉政专员制度。

廉政专员被通称为“Ombudsman”①，现代意义上的廉政专员是指由立法机关任命的，接受来自公民个人对政府机构及其公务人员的投诉，并调查政府官员舞弊情况的专门人员或巡视官。② 1975 年国际律师公会廉政专员制度研究委员会对廉政专员给出较为权威的定义是：“廉政专员是议会的一个机构，规定于宪法或基于国会或立法机关的决议而设置。它的首长是一个独立的高级人员，仅对国会或议员负责。他受理被政府机关或其官员或职工违法行为所侵害的人民的申诉，或自动检举揭发，而加以调查和纠正，并予以发表。”廉政专员为议会提供咨询和建议，高效解决了议会面对公民的咨询，对行政部门和人员造成了无形的震慑力，发挥了廉政监督作用。所以，在世界的很多国家中都设立了国家级的廉政专员机构，这些国家遍布亚洲、欧洲、大洋洲和非洲、拉丁美洲等地区，我国香港地区也就是借鉴了廉政专员制度建立了廉政公署机构。

面对我国行政监察部门难以克服的对政府部门的依附性现状，以及监察时缺乏绝对的独立性和权威性的困窘，我国有必要引入一项有效的监督行政权力运行和公民救济制度，而廉政专员制度正迎合了我国的实际需要。为此，可在我国宪法中设立廉政专员机构，由全国人民代表大会设立和领导，并对其负责，从而保证廉政专员的权威性和独立性。通过设立廉政专员制度，不但能克服我国现有行政监察制度的弊端，也在一定程度上落实了人大的监督权，完善了行政监察制度。同时，廉政专员也接受公民的投诉，可以高效地为公民提供投诉和解决问题的途径。当然，要想在我国宪法中建立廉政专员制度，还有很多方面需要完善，比如怎样保障廉政专员的独立性以及如何协调和现有行政监察制度的衔接性等。

---

① Ombudsman 是斯堪的纳维亚语，意思是委托人或投诉代表。

② 鲁文慧：《新西兰廉政专员制度》，厦门大学硕士学位论文，2014 年。

第六章　党内法规：依宪治国之重器

在中国，共产党是处于绝对领导地位的执政党，不同于一般的社会组织，其制定的规范性文件（党内法规）效力在形式上仅适用于党内，但其实际效果却外溢于整个国家乃至全社会。因此我们必须认真研究党内法规与以宪法为根本的法律法规之间存在的共性和区别，只有认清党内法规的属性，才能科学地制定、正确地适用党内法规，才能利用党的法规从严治党、惩治腐败。

一、党内法规的渊源、性质、法律地位

党内法规的概念是由《中国共产党党内法规制定条例》（2013 年 5 月发布）第二条规定的，即“党内法规是党的中央组织以及中央纪律检查委员会、中央各部门和省、自治区、直辖市党委制定的规范党组织的工作、活动和党员行为的党内规章制度的总称”。

（一）党内法规渊源

“党内法规”是一个极具中国特色的概念，最早是由毛泽东同志提出，由中国共产党创造的。早在 1938 年，为了吸取张国焘分裂党和红军的惨痛教训，加强党的监督，毛泽东同志提出“必须对党员进行有关纪律的教育，既使一般党员能遵守纪律，又使一般党员能监督党的领袖人物也一起遵守纪律，避免再发生张国焘事件。为使党内关系走上正轨，除了上述四项最重要的纪律外，还须制定一种较详细的党内法规，以统一各级领导机关的行动”①。这一论断体现了“党内法规”对中国共产党党员的普遍约束力。

---

① 许小莲：《“党内法规 ”法律地位之考证》，《求实》2010 年第 7 期。

1945 年 5 月，刘少奇同志在《关于修改党章的报告》中再次使用“党的法规”这一概念，强调“党章、党的法规，不只是要规定党的基本原则，而且要根据这些原则规定党的组织之实际行为的方法，规定党的建造的组织形式与党的内部生活的规则”①。

在党内规范性文件中，“党内法规”最早出现在中国共产党第十一届中央委员会第五次全体会议通过的《关于党内政治生活的若干准则》中：“《关于党内政治生活的若干准则》是党的重要法规，全体党员要认真学习，自觉遵守，要对照《准则》的规定，认真检查自己的工作和作风。”②《中国共产党党内法规制定程序暂行条例》（中共中央 1990 年 7 月 31 日印发）正式对党内法规的名称、适用范围、层次位阶以及制定修改的主体和具体程序做出明确规定。1992 年，党的十四大对《中国共产党章程》（以下简称《党章》）进行了修改。其中，第 44 条规定：“党的各级纪律检查委员会的主要任务是：维护党的章程和其他党内法规……”这是在党章中首次使用了“党内法规”这一正式表述，也标志着“党内法规”这一概念得到作为党内根本大法的党章的确认。自此，1997 年的十五大《党章》、2002 年的十六大《党章》、2007 年的十七大《党章》和 2012 年十八大《党章》均在第 44 条使用了“党内法规”这一提法。“党内法规”这一概念现已约定俗成，被党内广泛使用。

2013 年 5 月 27 日，《中国共产党党内法规制定条例》和《中国共产党党内法规和规范性文件备案规定》经中共中央批准，正式对外发布。这两部党内法规的制定，对推进党的建设规范化、制度化、程序化，提高党科学执政、民主执政、依法执政水平，具有十分重要的意义。

党和国家领导人在多个重要场合使用了“党内法规”这一概念。邓小平同志在党的十一届三中全会的主题报告中精辟地指出：“国要有国法，党要有党规党法。党章是最根本的党规党法。”江泽民同志在庆祝中国共产党成立 80 周年大会上的讲话中指出：“各级党组织和每个党员都要严格按照党的章程和党内法规行事，严格遵守党的纪律。”胡锦涛同志在 2006 年 1 月 6 日举行的中纪委六次全会上指出：“要适应新形势新任务的要求，加强以党章为核心的党内法规制度体系建设。”习近平同志高度重视做好党内法规工作，他在十八

① 王俊华：《对“党内法规”提法的再思考》，《上海党史与党建》2008 年第 7 期。

② 中共中央文献研究室：《三中全会以来重要文献选编》，北京：人民出版社，1982 年。

届中央纪委二次全会上强调，要加强反腐倡廉党内法规制度建设，把权力关进制度的笼子里。[①]

（二）党内法规的性质

从字面上看，“党内法规”中含有“法规”两字，而从一般的认知角度，“法规”是法学中的一个专用术语，有其特定含义。“法规”是国家通过宪法和相关法律的授权，由有权的机关依据宪法和其他法律规定的权限及法定程序制定出来的。《中华人民共和国立法法》（以下简称《立法法》）集中规定了我国的立法权限和立法程序。我国《立法法》第65条规定“国务院根据宪法和法律，制定行政法规。”第72条规定：“省、自治区、直辖市的人民代表大会及其常务委员会根据本行政区域的具体情况和实际需要，在不同宪法、法律、行政法规相抵触的前提下，可以制定地方性法规。设区的市的人民代表大会及其常务委员会根据本市的具体情况和实际需要，在不同宪法、法律、行政法规和本省、自治区的地方性法规相抵触的前提下，可以对城乡建设与管理、环境保护、历史文化保护等方面的事项制定地方性法规，法律对设区的市制定地方性法规的事项另有规定的，从其规定。设区的市的地方性法规须报省、自治区的人民代表大会常务委员会批准后施行。”由此可见，《立法法》授权立法的法规是指行政法规和地方性法规，并没有将“党内法规”包括在内。那么党内法规属不属于法律呢？厘清此疑义需要从法律的概念着手。

关于法律的概念，国内外有着多种论述，在这里仅依据大多数学者对此概念的共识进行论证。在我国法理学教材中，居于主导地位的教科书认为法律的概念应具有四个方面的特征：“（一）法是调节人们行为的规范。（二）法由国家制定或认可。这里的国家具体体现为各有权的国家机关。（三）法规定人们的权利、义务、权力。（四）法由国家强制力保证实施。”[②] 对比上述法律特征可见，党内法规只是具有部分法律特征，而不具备全部法律特征。

《中国共产党党内法规制定条例》第2条规定：“党内法规是党的中央组织以及中央纪律检查委员会、中央各部门和省、自治区、直辖市党委制定的规范党组织的工作、活动和党员行为的党内规章制度的总称。”可见，党内法

---

① 中共中央文献研究室：《十八大以来重要文献选编》（上），北京：中央文献出版社，2014年。

② 沈宗灵：《法理学》，北京：北京大学出版社，2001年。

规不具备“法规”制定的主体特征。党内法规的制定主体主要是党的中央组织、中央各部门、中央军委总政治部和各省、自治区、直辖市党委。依我国《宪法》中规定的国家机构判断，这些机关并不在国家机关的范围之内，根据这些组织的性质分析，可将其定性为中国共产党的组织机构。

党内法规的实施并不依靠国家强制力的保证。党内法规依靠什么来保证实施，到目前为止还没有文件作具体而明确的规定，也鲜有系统论述，但这并不能想当然地说党内法规没有强制力。从我党的实践经验看来，党内法规的实施主要依靠党员的坚定信念和党的纪律作保证。

但是，党内法规又有一些法律特征：比如，党内法规具有规范性。它是为党组织、党员个人制定的统一行为规范，在一定范围内具有普遍规范的作用，这也是法律的属性之一。又如，党内法规也有对党组织和党员的权利与义务的规定。《中国共产党章程》《中国共产党党员权利保障条例》《中国共产党党员纪律处分条例》等对中国共产党党员的权利与义务及其违反党内法规引起的后果作了具体规定，这与规定权利、义务的法律的核心内容相一致。

可见，如果依据现有法律概念判断，将党内法规定性为法律必然会引起争议。但是，法律概念的内涵并非一成不变，对法律概念的研究一直在进行着。近年来，对“软法”（soft law）与“硬法”（hard law）的研究是西方法学界一个新兴的热点。自 2006 年起，北京大学罗豪才教授在其主持的教育部人文社会科学重点研究基地重大项目“公共治理领域的软法问题研究”中全面探讨了软法与硬法的关系，他认为：“国家立法中的柔性规则以及政治组织规则、社会共同体规则，就是我们所谓的‘软法’。要确立一种由国家立法、政治组织规则与社会共同体规则三者构成的‘混合法’，一个重要前提就是承认‘软法也是法’这一判断；而要支持这一判断，必须解决一个无法绕过的前提问题，那就是反思和修正传统的，但当下在我国仍然居于主导地位的关于‘法’概念的定义。在法学传统上，由于深受实证主义法学思想的影响，一般将法当作‘主权者的命令’，是‘由国家制定或认可的、体现掌握国家政权的统治阶级意志的、依靠国家强制力保证实施的行为规范的总和’。对照着确立公共治理模式所需要的混合法结构而言，需要对传统的法概念作如下反思和修正：一则，在法的本质方面，鉴于公共治理主体的多元化，法所体现的‘公意’不再局限于国家意志，还可以体现政治组织的意志、社会共同体的意志等，因此总体上说法所体现的应当是公共意志。二则，在法的形式方面，公共治理依据应当是多样化的，法不仅表现为国家立法，还有公共政策、行业标准、裁量基准、社团章程、自制规范等其他多样化的表现形式。三则，在法与国家强制力关系方面，法既有硬拘束力，也有软拘束力；既有依靠国家强制保障实施的法律规范，也有运用非强制性方式实施的法律规范，依靠国家强制力保障实施不再成为法律实施的一个必备要件。四则，在法的功能方面，法既要解决他律问题，更要强调自律，应当基于自律来实行他律，实现自律与他律的相辅相成良性互动。五则，在法的结构方面，既有具有设定明确的行为模式、规定消极的法律后果且依靠国家强制力保障实施的'硬法'，也有行为模式未必明确、未规定消极法律后果、不能运用国家强制力保障实施的'软法'。六则，在法的形成和运行机制方面，与传统法相比，'混合法'呈现出多样化和民主性的特点，可以综合运用诸如多数决定、协商一致、协商票决以及行政命令等多样机制，在机制设计上追求实现激励与制约相容、内外协调一致，在价值上追求社会公平、正义！综上，我们认为可以考虑将法概念修正为：是由国家制定或者认可的、体现公共意志的、依靠他律或者自律机制实施的权利义务规范体系。不难看出，这种修正不仅丰富了法的内涵，还拓展了法的外延，应当能够全面回应推行公共治理的现实需要。"①

如若"软法"的概念能够成立，党内法规就完全可以融入法律范围。虽然党内法规不是由国家制定的，但其在现实中普遍适用，这表明国家已认可这种政党制度具有规范性作用。党内法规符合软法共性的基本特征：法律公共性、规范性与普适性等。同时法律的公共性在"软法"中主要反映国家意志之外的其他共同体的利益诉求，党内法规反映了中国共产党这个党派的利益诉求；法律的规范性在"软法"中主要为公共主体的行为选择提供导向，党内法规宣示了中国共产党的立场、指导思想，规定了目标，明确了方针、路线，确认了原则，规定了配套措施等，正面要求全体中国共产党党员及其组织为或不为某种行为，通过提供行为导向的方式，促使其做出利于党的目标实现的行为选择；法律的普适性在"软法"中主要通过其普适性来维护公

① 罗豪才：《公共治理的崛起呼唤软法之治》，《法制日报》，2008 年 12 月 14 日。

平价值、实现法律效力，只是其体现法律效力的方式却非常复杂，表现出一种松紧不一、强弱不等的法律效力。党内法规在中国共产党内具有普遍适用性，任何党员都受党内法规约束。

党内法规同时符合“软法”的个性特征：党内法规的创制方式和制度安排富有弹性。党内法规是由中国共产党依据党内程序制定的，而非国家依法定程序制定的。和法律相比，党内法规的内容规定比较笼统、抽象，对行为方式的种类、数量、幅度未加明确规定；权益分配方面的规定有的较为不具体，有的较模糊，允许出现多种合理性解释，有的较为灵活，给自身博弈留有回旋余地与调整空间，有的较为柔和，重在指导与建议，未作硬性规定。

二、党内纲领性法规与宪法的一般关系

作为党的纲领性文件，《中国共产党章程》在党规党纪中位阶最高；作为国家的根本大法，宪法在整个国家法律体系中位阶最高。要正确理解党规党纪和法律之间的关系，首先就要厘清党的纲领性文件与宪法之间的关系。

（一）和而不同：正确理解党的纲领性文件与国家宪法的关系

尽管党和国家之间存在着一定的联系，但从本质上讲，两者是根本不同的政治实体。党是代表特定群体或政治势力的政治组织，它制定的纲领、政策、路线、方针原则上只适用于党内而不涉及党外，只能要求其党员和各级党组织遵守和执行；其制定的党章的效力仅及于党内。而国家则是超越全体人民及其党派、团体之上的公共权力机关，它管辖和治理一国之内所有的人和组织，其制定的法律适用于全国；制定的宪法体现的是全体人民的根本意志，具有强制力，全社会、全体人民、各级各类组织都必须遵守和执行。

中国共产党是我国的执政党，是我国政治领导的核心力量。作为中国工人阶级先锋队，中国共产党忠实地代表中国各族人民的利益，通过领导全党和全国各族人民坚持改革开放，以经济建设为中心，全面地开展大规模的社会主义现代化建设事业。党以马列主义、毛泽东思想和邓小平理论为指导，为我国的社会主义现代化建设制定了正确的路线、方针和政策，指导我国的社会主义现代化建设不断深入地发展，取得了重大成就。全国各族人民通过

切身的体验，历史地承认和接受中国共产党的政治领导。党在各族人民中享有崇高的威望，具有不可替代的政治影响力和感召力。

我国宪法是中国共产党领导全国各族人民制定的国家根本大法，具有最高的法律权威和法律效力。我国现行宪法总结并确认了我国实行改革开放以来的基本经验，对国家的政治、经济、文化、社会各方面的生活以及公民的基本权利和义务等一系列重大事项，做出了根本性的和规范性的规定，成为我国进行大规模、深入持久的社会主义现代化建设的总章程。我国现行宪法体现了全国各族人民的根本意志，也以国家根本大法的形式把党的有关建设社会主义的路线、方针和政策确认和固定下来。

（二）皆为治国重器：党的纲领性文件应当与国家宪法保持一致

在我国，中国共产党的执政党地位是历史的必然选择。一方面，国家只有在中国共产党的领导下，而不是其他政治势力的领导下，才能实现社会主义的远大理想；另一方面，中国共产党只有以国家为广大的政治舞台，在广大人民群众的拥护和支持下，才能实现自己的政治理想和政治主张。在这种特定的政治情势和格局中，党和国家的关系由外在的、非必然的联系变成了内在的、稳固的联系。党和全国各族人民的利益，党与国家的意志彼此紧密相连、浑然一体。党的意志、主张、路线、方针、政策应当而且只能融入宪法中，也才能使党的政治理想和主张提升为国家的理想和主张。同样，国家的宪法也应当和必须贯彻党的意志、主张、路线、方针和政策。归根结底，全体人民的意志在过去、现在以至未来，都需要通过党的卓有成效的组织和活动，才能得到最科学、最稳固的集中和体现。因此，在我国，党的纲领性文件和国家的宪法应当而且必须相一致，不应当也不允许相背离。

我国进入社会主义建设新的历史时期以后，党坚定不移地把健全社会主义法制作为社会主义现代化建设的战略目标之一。党对国家宪法的认识和重视程度也有了很大的提高，不仅领导全国各族人民成功地制定了适应社会主义建设新时期需要的宪法，而且在党的十三大和十四大以后，又根据变化了的情势以及两次大会的报告提出的新精神，适时地对宪法进行了修改，使党的代表大会报告和宪法相协调和一致，为改革开放的深入发展和社会主义现代化建设的全面展开，提供了政治上和法律上的保障。

（三）维护宪法权威：在依法治国中充分发挥宪法的核心作用

作为国家的根本大法，宪法在依法治国中起着核心作用。在我们坚定地走上依法治国、建设社会主义法治国家的道路的起始，就应该小心地爱护经过多少代人无数牺牲、艰苦奋斗而得来不易的宪法，重视和加强对宪法的研究和实施。

作为国家根本大法的宪法，说到底无非是治国的法律工具，尽管它是最重要的法律工具。宪法的功用归根到底是看它在治国中是否可用和好用。一部宪法的原则和规定只有符合现实情况和需要，才能构成其发挥治国的工具作用的前提条件；否则，就会丧失其作为治国工具的前提条件。如果一味地抱住已经脱离现实和需要的、过时的宪法，为了维持宪法形式上的稳定而不愿意及时地修改宪法，那就会大大地降低或根本丧失宪法的治国功用。政治的活力及政治家的精明就在于：审时度势，总揽全局，不囿于宪法形式上的稳定，及时地使过时的宪法变得符合现实的情况和需要，充分发挥其治国的功效。

在我国，作为执政党的中国共产党，每五年举行一次全国代表大会。党通过对五年间的工作及经验的认真总结，适应深入地改革开放和全面地开展社会主义现代化建设的新需要，适时地提出对国情、社情及指导思想等方面的新分析、新认识，并及时地对治国的战略目标、路线、方针、政策补充或调整。其中可能会涉及宪法的原则和规定。在这种情况下，党的纲领性文件很自然地成为宪法修改的参考依据。在党的十三大、十四大以后，我国都对《宪法》的部分序言和条款做出了相应的修改。

三、党内法规与宪法的内在联系

（一）高度关联：党章和宪法关系密切

1. 从内容上讲，党章总纲与宪法序言及有关条文高度契合

“宪法序言共有 13 个自然段落。其中第 5 至 12 自然段的内容与党章第 6 至 14 自然段的主要内容高度重合，无一遗漏。”[①] 党章总纲中不少重要内容与

① 姚岳绒：《论党章与宪法的关系》，《河北法学》2012 年第 2 期。

宪法具体条文相对应，甚至完全一致。例如，关于基本经济制度和分配制度，党章提出“必须坚持和完善公有制为主体，多种所有制经济共同发展的基本经济制度，坚持和完善按劳分配为主体，多种分配方式并存的分配制度”；同样的内容出现在《宪法》第6条第2款，略有区别的是，《宪法》少了“必须”“和完善”几个字。此外，关于指导思想的规定、国体的规定、四项基本原则的规定、依法治国的规定、多党合作和政治协商制度等都在党章和宪法中相互对应出现。更值得一提的是，党章总纲所规定的党内根本组织原则民主集中制和《宪法》第3条规定的“中华人民共和国的国家机构实行民主集中制的原则”的规定，从产生的先后顺序看，显然是宪法规定参照了党章规定，党内原则延伸到了宪法原则。

2. 从宪法修改的历史看，总是和党章修改的步调相一致

以1982年修订的宪法为例，每次修改总是由中共中央向全国人大常委会提出修改宪法的建议，而后由全国人大常委会提出宪法修正案议案，提交全国人民代表大会审议。而且修改的内容，“整个说来也是现阶段党的最重要主张的系统化记载”。[①] 以2004年修宪为例，在这之前2003年10月，中共中央第十六次中央委员会第三次全体会议公报提出，“根据经济社会发展的客观要求，依照法定程序，把十六大确定的重大理论观点和重大方针政策写入宪法，有利于宪法更好地发挥国家根本法的作用”。可以这样说，党章修改是修宪的前提，修宪是对党章修改部分内容的宪法层面的确认，这已是我国修宪的惯例。

（二）不得与宪法抵触：党内立法的基本原则

“国要有国法，党要有党规党法。党章是最根本的党规党法。没有党规党法，国法就很难保障。”[②] 党内法规与国家法律，都是执政党的基本理论、基本路线和基本纲领的具体体现，也都从根本上反映了最广大人民的根本利益，是党的意志和人民意志的统一，这就决定了党内法规和国家法律在根本上的一致性。但党内法规和国家法律又有许多重要的区别，二者相辅相成，不可替代，不可偏废。为保持两者协调，制定党内法规时应遵循以下原则：

---

① 童之伟：《司法中立：改善党的领导的关键》，《炎黄春秋》2014年第9期。

② 邓小平：《邓小平文选》，北京：人民出版社，1994年。

1. 坚持党内法规不得与宪法相抵触

我国《宪法》规定，我国是以工人阶级（通过其先锋队中国共产党）领导的人民民主专政的社会主义国家。“一切国家机关和武装力量、各政党和各社会团体、各企业事业组织都必须遵守宪法和法律。一切违反宪法和法律的行为，必须予以追究。”党领导人民制定宪法和法律。宪法和法律既是人民群众意志的体现，也是党的主张的体现。开展党内立法工作，必须严格执行《中国共产党党内法规制定条例》中关于党内法规“不得与国家法律相抵触”的规定，切实做到：宪法和法律确立的指导思想和基本原则，党内法规必须坚持和遵循；宪法和法律规定的基本政治、经济和社会制度，党内法规必须贯彻和维护；宪法和法律赋予公民的基本权利和自由（人权），党内法规不得限制和剥夺；宪法和法律设定的公民的基本义务和责任，党内法规不得变通和豁免，从而维护国家法律的权威性、严肃性，保证党内法规的合宪性、合法性，保证党内法规在法治的轨道上严格规范党组织活动和党员行为。在立法技术上，既要处理好党内立法中同位阶法规之间的关系以及下位阶法规制度与上位阶法规制度的关系，又要照应国家法律法规，避免两者的冲突。

2. 坚持党内立法活动与国家立法活动的互动

党内法规，究其实质，并非严格意义上的法而是党制定的规章制度，体现的是党的意志而非国家意志，其效力仅及于党组织和党员，表现为对党组织活动和党员行为的纪律约束力，而不具备国家宪法、法律所具有的对全体公民、法人和其他组织的普遍的法律约束力。因此，依法治党，不仅依据宪法和法律，而且还要依据党内法规。中国共产党的执政地位又决定了党内法规毕竟不同于一般意义上的规章制度，它体现党的方针政策、指导党内政治生活、调整党的执政活动、规范党员干部从政行为、约束党员行为规范，在国家社会和政治生活中发挥着巨大的规范和导向作用，对国家法律的创制和实施产生着深刻的影响，这就要求党内立法活动与国家立法活动必须紧密配合、互相衔接，做到党内立法项目的规划要与国家立法的总体目标和具体安排相配套，党内立法的内容要与国家相关法律规范的规定相协调，从而使两者在各自不同的领域有效发挥作用。

四、党内法规与法律的关系

国家法是“硬法”，党内法规是“软法”，“硬法”与“软法”是现代法的两种基本表现形式，在公域治理法治化中二者具有互补功能，都从属于宪法，应互相衔接。

（一）表现形式不同：党内法规与法律分属于现代法的两种基本表现形式

国家法主要属“硬法”，是指由国家创制的、依靠国家强制力保障实施的法规范体系；党内法规属于“软法”，不能运用国家强制力保障实施的法规范体系。具体而言，党内法规是国家认可的、行为模式未必十分明确；或者虽然行为模式明确，但是没有规定法律后果；或者虽然规定了法律后果，但主要为积极的法律后果的规则体系，这些规则只具有软拘束力，其实施不依赖国家强制力保障，而是主要依靠共产党员自觉、中国共产党的制度约束、社会舆论、利益驱动等机制。

（二）功能互补：党内法规与法律在公域治理法治化中具有互补功能

众所周知，复杂多变的现代社会的法治化本身就是一项复杂的系统工程，法治化需要一定的确定性、可预期性等，需要确保社会的基本秩序和一些核心价值不被随意践踏，因此国家“硬法”不可或缺。但是，复杂多变的社会现实又必然使法治化具有复杂性、变动性、渐进性等特征，此时僵硬、整齐划一的“硬法”又有可能“失灵”，而作为党内法规等“软法”由于其自身特点，刚好可以弥补这一缺陷。

总之，当我们厘清了党内法规与宪法为首的法律、法规之间的关系之后，便能正确界定党内法规的各种特征和属性，从而为制定出适合我国国情的党内法规提供指导，为从严治党、反腐倡廉提供制度上的保障。

第七章　规范权力：防止腐败之必然

一、反腐败的经验与教训

规范权力就是为避免滥用权力、谋取私利而对权力的内容和运行方式给予严格、清晰的限制。这是基于权力可能被滥用而做出的选择。权力不是绝对的存在，而是社会利益关系的表现形式，腐败是滥用权力、谋取私利的行为，是权力异化的表征。自古以来，权力腐败的现象从未断绝，影响之恶劣有目共睹，轻者会加剧局部地区、个别领域的矛盾，重者甚至亡国亡党。在利益关系越来越复杂的现代民主社会，腐败的危害性进一步放大，严重威胁着稳定和安全，破坏民主、价值观、道德观和正义，危害社会发展和法治建设。因此，腐败是人类社会不得不严加防范禁止的现象。中国共产党始终对腐败保持高度警惕。新中国成立前夕，毛泽东同志提出过用民主方法解决王朝兴衰的周期性问题，告诫全党同志不仅要防止资产阶级“糖衣炮弹”的进攻，还要继续保持谦虚、谨慎、不骄、不躁和艰苦奋斗的作风。改革开放后，邓小平同志根据形势的变化，及时地提出要一手抓改革开放，一手抓惩治腐败，要求在整个改革开放过程中都要反对腐败。对党员干部来说，廉政建设要作为大事来抓。腐败严重威胁国家的长治久安和党的合法性基础。党提出“以零容忍态度惩治腐败”，坚持“老虎”“苍蝇”一起打等反腐新理念，加大了反腐力度，也取得了空前的反腐成果。

一提到腐败，必然与权力联系起来。那么，权力是不是必然导致腐败呢？不是的。按照英国历史学家阿克顿的说法，权力在没有约束的情况下极易异化为谋取私利的工具，“权力导致腐败，绝对权力导致绝对腐败”①。就是说，

---

① ［英］阿克顿著，侯健、范亚峰译：《自由与权力》，北京：商务印书馆，2001 年。

腐败的发生是因为权力没有受到约束，腐败的程度与权力约束成反比关系。人类进入私有制社会以来，权力和腐败形影相随，由腐败造成的政权更迭、人亡政息的悲剧依次上演，从而陷入了“秦人不暇自哀，而后人哀之；后人哀之而不鉴之，亦使后人而复哀后人也”的历史怪圈。在中国历史上，反腐败一直是历代王朝非常重视的政治问题，有关贪官和清官的故事也成为历史书写的重要内容之一。在众多有关反腐败的历史故事中，最具代表性的莫过于明朝开国君主朱元璋和清朝嘉庆帝的了。据史料记载，为了反腐，朱元璋进行了一系列制度改革，废除元朝的御史台，改设督察院，作为中央监察机构，严密控制官员行为。增加刑种，实行严刑酷法，加大对腐败的惩罚力度。朱元璋的反腐是他强大的反腐决心和当时官员严重腐败的集中体现。清代康乾盛世后的嘉庆皇帝，在乾隆皇帝寿终正寝之时，拉开了肃贪运动的大幕，处置了包括和珅在内的一大批贪官污吏，取得了立竿见影的效果，当时就有“和珅跌倒、嘉庆吃饱”一说。事实证明，不管朱元璋和嘉庆帝的反腐措施多么有力，取得的反腐效果多么显著，在权力不受法律制度约束的前提下，任何人治条件下的反腐措施都是权宜之计，一旦有所放松，腐败将卷土重来、变本加厉。

新中国成立后，在中国共产党领导下，建立了人民当家做主的政治制度，为保证政治清明、政府清廉提供了坚实的政治基础。但是，腐败并没有就此销声匿迹，甚至在个别时段还非常严重。改革开放后，受国内外各种不良因素的影响，再加上各种相关制度的缺失，发生在社会各个领域的腐败日甚一日，其危害之大，情节之严重、性质之恶劣触目惊心。从十八大以来公布出来的腐败案件看，在数量、规模、方式以及严重程度上，今日的腐败与过去相比有着惊人的变化。由过去的小官小贪、大官大贪发展到现在的小官大贪、大官巨贪，由过去的个体腐败发展到现在的家族式腐败和集体塌方式腐败，从过去的权钱交易发展到现在的权权交易、权色交易，腐败几乎渗透社会的每一个领域。

我国一直没有放松对治理腐败的探索，在总结我国反腐经验和教训的同时，还积极借鉴他国反腐的成功经验。尽管说“他山之石，可以攻玉”，但有些观点是我们不能接受的。比如，有一种观点认为，实行西方的多党制、分权制和高薪养廉制度就可以避免腐败。在肯定这些制度的作用时也要认识到它们的适用条件和局限性，是否可以无条件地全盘接受值得商榷。中国的国情、价值观念以及历史文化传统与欧美国家有明显的差异。他们的做法并不是防治腐败的“灵丹妙药”。因为不同的国度腐败之原因不尽相同，以不变的药方治不同原因引起的疾病不免有病急乱投医之虞。中国历史和现实的特殊性决定了中国腐败和反腐败的特殊性，共产党的领导、人民民主专政就是中国反腐败的政治优势和特点，也是战胜腐败的政治保障。中国的腐败不是基本制度的问题，而是惩治腐败的技术问题，是权力规范不严密给滥用权力谋取私利者留下投机的空隙。规范权力，“把权力关进制度的笼子里”可谓开对了药方。

把权力关进制度的笼子里，就是用宪法和法律对权力的范围和运行方式加以规范，在实体和程序上保证权力的合法、有效运行，以形成不敢腐的惩戒机制、不能腐的防范机制、不易腐的保障机制。在具体操作层面上，还要建好笼子。笼子太松或者笼子很坚固但门没扎紧，可以无约束地自由进出，无异于牛栏关猫。权为民所用，利为民所谋是规范权力的价值导向，以防止出现“在权力不受限制的社会制度中，发展趋势往往是社会上有实力者压迫或剥削弱者”[①] 的丑恶现象。“把权力关进制度的笼子里”根源于权力与腐败的本质相关性，深度把握权力与腐败的内在关系是强化规范权力的基本要求。

二、谋取私利：腐败的原动力

英国历史学家阿克顿的“权力导致腐败”论揭示了腐败的权力根源，腐败是权力带来的不良结果。由此推之，避免腐败就要对权力加以规范，使之朝着权力应有的方向运行。但是，阿克顿在“权力为什么导致腐败”这个更深层的问题上却语焉不详。

权力导致腐败不仅是一个感性的直观的问题，而且是蕴含着内在逻辑必然性的问题。其中，权力在此起着根本的作用。什么是权力？持有不同价值观、不同信仰的人对它的性质和定义也不一样，至今没有一个被学界普遍认同的定义，所以，权力的定义不胜枚举。比如，权力是为个人获得任何未来

① ［法］孟德斯鸠著，张雁深译：《论法的精神》，北京：商务印书馆，1982 年。

明显利益的手段，权力是对外部世界产生效果的事件或动力，权力是某些人对他人产生预期或可预见效果的能力，权力是一个人或一些人在社会行动中实现自己意志的机会，诸如此类。这些不同的定义都从不同角度揭示了权力的内涵。在政治学意义上，权力反映的是人与人之间的利益关系，权力是一个人或一些人对他人产生预期效果的能力。据此，效果就是权力主体的目的和权力功能的体现。在效果的性质上，有积极效果和消极效果之分，具体表现是效果对权力双方要么都是积极的，要么都是消极的，要么对一方来说是积极的，对另一方来说是消极的。所以，权力是一把双刃剑，其功能的大小和性质受主客观条件的制约，其中，权力主体的动机和权力的大小是决定权力功能和效果性质的内部因素。从腐败问题方面可见一斑，权力越大，腐败动机越强烈，腐败金额就越大，情节越严重，性质越恶劣。无疑地，腐败一定是权力主体有意滥用权力的结果。谋取私利是腐败的一个构成要件，也是滥用权力的一个消极结果，而滥用权力的形式和结果有多种情形，只有为谋取私利而滥用权力才定性为腐败，只是腐败的严重性有违法和违纪的差异。权力和腐败的关系表明，权力是腐败的根据，腐败是权力的一种结果。问题是，权力产生腐败是必然的还是偶然的？一个显而易见的现象是，在同一个国家、同一个部门甚至同一个人，腐败的时空差异极其悬殊。从表面看，腐败是因为滥用权力，不腐败是因为没有滥用权力。但是，不腐败也不能表明权力没有腐败的可能性。否则，腐败就无法得到合理的解释。根据历史唯物主义的观点，权力作为社会现象和社会一样都是历史的产物，在一个社会内部，权力是社会获取和分配资源的有效手段。对个人来说，他所能获得资源是有效的，为争取更多的资源可能不惜一切代价。利益是权力的核心价值，腐败与否只是用权力谋取利益的性质问题。权力本是社会的工具，为维护公共利益而生。如果权力为谋取公利所用，就不是腐败。相反地，如果权力为私利所用，就是腐败，不管是不是造成实际的后果。腐败与否就是私利和公利的差异问题。

长期以来，我们对利益问题的研究和现实的利益问题极不匹配。利益是什么？利益是客体对主体的效用或价值。根据主体的范围大小不同，有个体利益和集体利益之分。根据客体满足主体需要的不同，利益又可分为物质性的利益和精神性的利益，政治利益、经济利益、文化利益以及远期利益和近期利益等。利益是一切个人和组织存在和发展的前提和目的，是人与人、人与自然关系的集中体现，也是推动历史发展的根本动力。马克思认为，人们奋斗所争取的一切，都同他们的利益有关。中国共产党是为着实现中华民族独立、自由和民主而形成和发展起来的无产阶级政党，代表着中国最广大人民群众和中华民族的根本利益。在革命、建设和改革的不同时期，党承担着不同的历史使命，实现中华民族伟大复兴是当前中国共产党最重大的历史重任和利益。能否实现好、维护好广大人民群众的根本利益关系到党的合法性基础。实现最广大人民群众的根本利益是增强党的合法性的根本途径，反之，党的存在和发展也是实现最广大人民群众的根本利益的有效手段。在这一点上，党和人民在根本上具有一致性。但是，党的利益和党政官员的利益是不是“同一个东西”？党政官员也是人民的一分子，党是由众多现实的、感性的有高度政治觉悟的个人组成的代表中国最广大人民群众根本利益的组织。党一旦成立就有自己的相对独立性和自己的利益。但是，它的利益绝不是每一个党员利益或者它所代表的每一个人利益的总和，而是包括党员在内的广大不同个体利益的共同利益，共同利益以外还存在大量的特殊利益，或者说是私利。党的利益体现在它所代表的人民群众的根本的普遍的利益。一个人加入党组织就意味着他接受党的要求并与党组织保持政治上的高度一致。但不能说加入了党组织后，他自己的利益就消失了，更不能说党的利益和党员的利益是“同一个东西”。否则，公利和私利混为一谈。这在理论上说不通，在实践上贻害无穷。《共产党宣言》指出，共产党人“没有任何同整个无产阶级的利益不同的利益”[①]。强调共产党人的利益必须与整个无产阶级的利益保持一致，但没有说共产党人没有自己的利益或者共产党没有自己的利益。但用党的利益代替和抹杀党政官员以及人民的利益是自欺欺人之举，也无法解释腐败的本质就是谋取私利。

个人利益是客观的历史性存在，在私有制消灭之前，个人利益是不会消亡的。在资源既定的情况下，追求自身利益最大化是人类维持生存和发展的必然趋势。在社会主义市场经济条件下，受利益驱动，金钱至上、利己主义大行其道。党政官员虽然在政治伦理上比普通百姓有更高的要求和表现，但

---

① 中共中央编译局：《马克思恩格斯选集》（第 1 卷），北京：人民出版社，2012 年。

他们也必须用一定的资源来满足衣食住行等基本生存需要，而权力恰恰是可以满足生存需要的最有效手段。一旦权力沦为党政官员谋取个人利益的手段，腐败就产生了。谋取私利是腐败的原动力。党政官员谋取私利就意味着自身利益的增多和公利的减少，造成利己和害他的严重对立。腐败不仅与权力的公共性本质大异其旨，也危害着基本的公平正义原则。所以，以权谋私、权钱交易等腐败现象背后包藏着强大的谋取私利的动力。

谋取利益是人的本能，本无可厚非。关键在于谋利的结果归属于谁。利为民所谋是权力的正当行使，利为己所谋无疑是权力的滥用。但是，权力究竟是谋公利还是用于谋私利却很难从权力运行过程和掌权者的心理上做出准确的判断。权力滥用不仅常常有冠冕堂皇的理由，而且在谋取私利时还很隐蔽。其实，在权力出现的那一刻起就有谋取私利的可能性。在社会契约论看来，权力本身就是为了实现个人利益最大化而做出的无奈选择，是无数个体利益让渡的结果，公利本身就包含私利的因素。在人类发展史上，产品有了剩余后才可能出现分工，形成拥有权力的管理者和劳动者。今天，社会的分工更加复杂、细密，私利和公利的关系也更加模糊。无论何种性质的权力最终都指向利益。社会利益和个人利益都是有限的，是人生存之必需。只有到了共产主义社会，人的需要得到满足以后才没有谋取私利的现实必要性，权力的性质和职能将发生根本性变革。生产力高度发达、物质财富极大丰富、人的觉悟水平极高，公利和私利也合二为一了。这是马克思主义设想的共产主义的情形。企图跨越“卡夫丁峡谷”跑步进入“一大二公”的共产主义社会被证明是徒劳的。在生产力不发达的历史阶段，公有制的“善”真的抵不住私有制的“恶”。“交够公家的，剩余是自己的”之所以有那么大的效应，因为它顺应了历史发展的规律和人民对利益的客观要求。在私有制被消灭之前，权力的腐败性是不会自动消亡的。过去我们对权力疏于规范、腐败不止不能说与错误的唯心主义历史观无关。至于敢不敢腐败、能不能腐败、愿不愿腐败则是另一个层面的问题。

三、法制漏洞：腐败的外因

利益关系是人的一切关系的基础和存在依据，谋取利益是人的本能，但是，这丝毫不意味着为了一己之利而可以不择手段。善的目的并通过善的手段来保障，“君子爱财，取之有道”就是此理。要保证党政官员的权力达至利天下的善，需要党政官员的内在自觉性，更需要外部的法律制度的强力约束。否则，权力在私利的推动下会像脱缰的野马一样横冲直撞。严格划定权力的边界使有权力的人不得越雷池半步是防止滥用权力的必要措施。古往今来，人们防治腐败基本上都是从规范权力开始的。从伦理的角度说，规范权力是建立在人性恶的基础上而做出的无奈选择。不同之处是不同国家甚至同一国家在不同时期制定的规范措施在严密程度、可行性以及系统性上的不同。党的宗旨表明了党的人民性，是对党员思想行为的应然要求。党的宗旨仅是原则性的规定，不意味着党员尤其是党政官员必然代表好、实现好、维护好人民的利益，也不等于给党和人民群众的鱼水关系上了保险。各种不良因素时刻在侵蚀着党政官员的思想，国内外敌对力量的破坏还大量存在。在复杂多变的环境中，党政官员能否用好手中的权力面临着各种风险的考验。

打铁还需自身硬。在正义与邪恶、廉洁与腐败的较量中，党政官员是决定性因素。建立完善的法律制度是规范权力、保持廉洁用权的根本保障。不受约束的权力是可怕的。在狭义上，不受约束的权力可能沦为谋私利的工具。在广义上，不受约束的权力除了谋私利外，还会酿成更多更坏的恶果——不勤政、不体恤民情、玩忽职守、不解民怨、枉法弄权、消极怠工、作福作威、结党营私、打击异己、瞒上欺下、靡费国格、打击报复、豢养爪牙、勾结匪类、卖官鬻爵、文过饰非、纵恶养奸、凌虐百姓、虚功邀赏等，这些现象不一定和利益有关，但绝对是权力腐败的表现。它们对党、国家和人民的危害比贪污受贿性质更严重，影响更恶劣。

规范权力就是在中国共产党领导下，在人民当家做主的基础上，依据宪法对行政权、司法权以及立法权等权力的责任和义务做出明确的法律规定，保证每一项权力的运行都能有法可依、有法必依、执法必严、违法必究。从新中国第一部宪法至今，每次修订的宪法都对行政权、司法权以及立法权做了原则性的规定。但是，规定每一项具体权力的相关法律法规还比较欠缺。无疑给掌权者留下极大的自由裁量空间，出现不作为、乱作为现象也就在所难免。但是，人们习惯性地把滥用权力的过错都加在直接使用权力的部门和个人身上，这样的态度对他们来说有失公允。我们不否认个别部门或者个人的能力不强、道德败坏、素质低下，在更多情况下即使有能力、道德高尚、素质较高的部门或个人也难免滥用权力，特别是面对新情况、新问题时更容易滥用权力，因为没有对他们的权力做出明晰的法律规定。这是问题的一方面。

另一方面，从后果来看，对腐败的惩治较轻，腐败成本相对较小。规范权力的法律制度欠缺不仅表现在权力运行程序上不严格、不透明，甚至发生暗箱操作的情况，腐败得以滋生、蔓延，形成事实上的制度性腐败，而且还表现在对以权谋私行为的惩治不够严厉，腐败行为的受惩成本相对较低。简单地说，腐败成本是指掌权者因腐败而付出的代价。腐败成本发生在腐败行为的全过程，有直接成本、机会成本和受罚成本。直接成本是指权力主体实施腐败行为所付出的时间、精力等。比如，领导凭借一个电话或字条就可以轻而易举地左右一个大型工程的命运。机会成本是指权力主体以实施腐败行为的精力和时间从事其他活动可能获得的收益。比如，权力主体勤政、廉政受到表扬、奖励或升职等。受罚成本是指权力主体腐败被查处而受到的惩罚，包括政治性的、经济性的、社会性的成本。政治性的成本如撤销职务、政治权力的剥夺甚至判处死刑；经济性的成本主要以金钱或实物性质的成本，比如，收缴账款账物；社会性的成本主要是剥夺腐败者从事某些社会事物的资格。腐败成本是由国家法律规定的，腐败成本的高低直接影响到腐败主体的价值选择，提高腐败成本也是减少腐败的必要步骤。在腐败的整个过程中我国的腐败成本比较低，加大对权力的监督制约和惩罚力度有利于遏制腐败的发生机会，阻断腐败的蔓延。《中国共产党问责条例》《中国共产党纪律处分条例》以及《中国共产党廉洁自律准则》反映了中国共产党的反腐治腐决心，在一定程度上提高了腐败的成本。这些制度正在并将继续发挥其应有的功能。那种企图用理论的正确性来证明现实正确性的做法是幼稚的。完善的制度才是使党政干部永不变色，真正做到权为民而用、利为民而谋的可靠保证。

能否从严治吏关系到国家的安危。中国历史的周期性更迭清楚地表明，一个王朝建立之初，大都政治清明，官吏廉洁勤政，社会安定，生产发达，人民安居乐业，呈现一派欣欣向荣的景象。光武中兴、贞观之治等就是中国历史上典型的兴盛时期。相反地，一个王朝的衰败也往往和政治腐败、贪污成风密不可分。治吏文化和贪官文化相伴而生，历史之悠久、影响之深远由此可见。在漫长的封建社会，即使在一定时期，统治阶级无论采取多么严厉的反腐措施都改变不了剥削百姓大众的政治本性，其反腐的效果也是极其有限的。在中国共产党的领导下，中国共产党是人民的党，始终代表中国最广大人民群众的根本利益，党政干部的权力是人民赋予的，权为民而用，利为民而谋，全心全意为人民服务是每一个党政干部的用权宗旨。在复杂多变的社会环境影响下，尽管有个别党政干部滥用权力、贪污腐败，但在整体上还是清正廉洁、勤政为民的。特别是十八大以来，随着把权力关进制度的笼子里的反腐理念的贯彻落实，腐败大幅度减少，政治更清明，政府更清廉，风清气正的风气初步形成。这对顺应民心、凝聚力量，实现中华民族伟大复兴将具有重大而深远的历史意义。

第八章　他山之石：外国宪法、法律法规与廉政制度

腐败是世界公害，是人类的顽疾。反腐败不是某一个国家的专利，是世界各国共同致力的事业，是一项“永远在路上”的系统工程。反腐倡廉是当今世界各国所面临的重大课题。纵观世界各国的反腐败史，不论是发达国家还是发展中国家，都从战略高度深刻认识到腐败问题的严重性，各国始终坚持把腐败问题看作阻碍一个国家政治、经济、文化和社会发展的重要因素。目前，面对全球性的腐败威胁，世界各国政府在反腐败的过程中建立了种种法律制度，采取了多种手段，本章以西方发达国家——美国、新兴工业化国家——新加坡和其他一些国家为例，分析其宪法、法律法规和廉政制度的建设问题。“他山之石，可以攻玉”，研究其他国家的反腐倡廉问题，特别是其他国家廉政制度建设的经验与教训，这值得我们批判性地借鉴。

一、清廉指数较高国家廉政制度之法律构建

（一）美国的宪法、法律法规与廉政制度

为了分权与制衡以防止滥用权力和滋生腐败，美国以三权分立原则建立了联邦制的政治体制。在长期的历史发展过程中，美国根据客观环境的变化不断地调整和变革既存的政治体制，使之更加趋于合理与完善，更加适应形势发展的需要。当今的美国，继承了优秀的历史遗产，在反腐倡廉的实践中积累了许多成功的经验，这值得我们认真研究和学习。

众所周知，美国《宪法》非常强调三权分立、司法审查、人权保障等，此外，廉政条款也是美国《宪法》的重要组成部分，这是美国《宪法》不同于其他国家宪法的重要特点，具有极其重要的法律价值，对我国廉洁政府的

构建具有重要的借鉴意义。

1. 美国《宪法》中相关的廉政条款

美国《宪法》中的廉政制度建设是美国联邦《宪法》的重要组成部分，在美国《宪法》中具有举足轻重的地位，为美国政府的廉政法律制度建设提供了充分的依据。

（1）参议员和众议员报酬由法律确定，从合众国国库支付。

美国《宪法》第 1 条第 6 款规定："参议员和众议员应得到相应的服务报酬，这种报酬由法律确定，从合众国国库支付。"该项规定明确了参众议员的工资领取规则，避免了参众议员为所在单位谋取利益的冲动，也使参众议员能更好地树立廉政形象。

美国议员的劳动报酬是从美国国库支付的，而不是从议员所在工作单位支付的，避免了议员间同工不同酬的不公正问题。

（2）参议员和众议员不能在本届任期内享受改变后的工资。

美国《宪法》第 27 条规定："改变参议员和众议员工资的法律，必须等到众议员换届之后才能生效。"对于参众议员来说，不能在自己任期内为自己获得增加工资的机会，那么也就没必要费心费力，所以参众议员们对提高工资的积极性都不是很高，政府廉洁自律的行为也就得以改善。类似于该修正案的规定，美国宪法也对联邦主席的工资调整进行了约束。美国《宪法》第 2 条第 1 款规定，联邦主席"在规定的时间内，应得到服务报酬，此项报酬在其当选担任主席任期内不得增加或减少。主席在任期内不得接受合众国或任何一邦的任何其他报酬"。对此，美国联邦最高法院大法官约索夫·斯托里评价说："该项条文的明智怎么赞扬都不过分。"①

美国国会除了立法权以外，还有征税权、铸币权、国库控制权、拨款权，如果不对"议员工资法"做出宪法限制，议员们自己为自己涨工资显然比较方便。美国《宪法》第 27 条限制了美国议员自己为自己涨工资，告诫议员尤其是众议员们，在为自己涨工资的时候，要好好权衡权衡。

议员们修改"议员工资法"的积极性并不高，美国议员的工资也不高。2008 年，美国普通议员的年薪为 16.93 万美元，比联邦政府部长的年薪低 1

---

① ［美］约索夫·斯托里著，毛国权译：《美国宪法评注》，上海：上海三联书店，2006 年。

万多美元，与联邦政府副部长的年薪差不多，相当于美国三流大学教授年薪的两倍。美国议员的年薪仅相当于新加坡政府部长年薪的1/10，香港政府司长年薪的1/5。

更重要的是，美国议员不能免费享受国家的住房和公车，也没有车贴、房贴。很多议员两地分居，要与选民保持亲密联系，就要经常往返于国会与选区，长途交通费虽能报销，但住宿费自理。每天还要处理几十封甚至几百封选民来信，还要准备各种讨论和辩论。

（3）国家外事工作人员收受礼物等的规定。

美国《宪法》第1条第9款规定："合众国不得授予任何贵族爵位。凡在合众国下担任任何有报酬或有责任之职务者，未经国会同意，不得从任何国王、君主或外国接受任何礼物、报酬、官职或任何一种爵位。"外事工作人员在对外交流中，代表着国家的整体形象，不能随意接受外国以各种名义给予的报酬和礼物等，除非经过国会的同意，这有利于国家和外事人员廉洁奉公、不谋私利行为的培养。因此，廉政的要求不仅要在国内履行职务中体现出来，同时也要在国际交往中展现出来。

美国《宪法》规定国家外事工作人员未经国会同意，在外事活动中接受礼物将被视作腐败，以此让民众和国会对外事工作人员的行为进行监督。

（4）关于总统任期内报酬之规定。

美国《宪法》第2条第1款规定，联邦总统"在规定的时间内，应得到服务报酬，此项报酬在其任期内不得增加或减少。总统在任期内不得接受合众国或任何一邦的任何其他报酬"。

美国《宪法》明文限制国家元首的工资报酬，这在世界各国的宪法史上是罕见的。

根据"总统在任期内不得接受合众国或任何一邦的任何其他报酬"的规定，总统不能领取工资外任何报酬，如奖金、津贴、剪彩费、稿费、讲课费等。根据"总统工资在任期内不得增加"的规定，任何一个联邦总统不能为自己涨工资。如果联邦总统向国会提出为联邦总统增加工资的法案，即使获得批准，该法案也必须等到现任总统任期届满之后才能生效。两百多年来，如果考虑到货币贬值的因素，美国总统的工资还是下降的。华盛顿当年的年薪是2.5万美元，2.5万美元大约相当于2000年的50万美元。2000年美国总统克林顿的年薪才 20 万美元，相当于华盛顿年薪的 2/5。俄罗斯《宪法》对领导人的报酬未作任何限制，领导人可以兼职兼薪。

（5）关于罚款和保释金之规定。

美国《宪法》第 8 条规定：“不得要求过多的保释金，不得处以过重的罚金，不得施加残酷和非常的惩罚。”

这一规定大大制约了国家机关通过罚款和保释金创收的欲望。美国联邦最高法院大法官约索夫·斯托里解释说：“这一规定旨在告诫国家政府的所有部门，警告他们防止发生像在斯图亚特王朝期间在英国发生的如此残酷的诉讼程序。在那些时代，经常向法院和法院的宠信者所厌恶的那些人们索要过多的保释金；如果不交出，就将他们投入监狱。有时也会施加庞大的罚金和罚款，判处野蛮的和报复性的惩罚。”①

（6）国家工作人员免职之规定。

美国《宪法》第 2 条第 4 款规定：“总统、副总统和合众国的所有文职官员，因叛国、贿赂或其他重罪和轻罪而受弹劾并被定罪时，应予免职。”当任何人都不可能从国家机器那里获得逃避法律制裁的帮助时，法律对于人的权威地位就确立了，人对于人的畏惧感就消失了。一个国家的法律只要把它的“第一人”管好了，这个国家之内就不会再有法律管不了和管不好的公民；一个国家的政要只要违反法律就必定受到制裁，则任何人都将不敢谋求在法律许可范围之外的特殊利益。

2. 美国其他重要的反腐倡廉的法律制度

（1）健全的廉政法律体系。

美国的廉政法律体系具有以下三个特征：一是美国廉政立法旨在预防腐败，防患于未然；二是把对公职人员的道德要求上升为法律规范，用法律的强制性来保障道德的实施；三是各类廉政法律法规非常健全且操作性和适用性很强。

美国在建国初期，主要通过制定宪法及宪法修正案限制腐败。1921 年通过了《预算和会计法》，并根据该法律建立了国家总审计署作为国会的调查机关，享有对政府机构广泛的经济调查、审查权。20 世纪 70 年代以来，美国加

① ［美］约索夫·斯托里著，毛国权译：《美国宪法评注》，上海：上海三联书店，2006 年。

快了反腐败的立法进程。1978 年通过了《文官制度改革法》，对文官制度加以完善。1978 年通过了《监察法案》。为管制美国公司向外国政府公职人员行贿，美国 1977 年制定了《海外反腐败法》。美国公司违反《海外反腐败法》，除了要受到民事和刑事处罚外，还将给公司带来惨重的声誉损失。《海外反腐败法》以严厉的处罚措施和严格的内部会计制度要求，构成了对美国公司的全方位约束，重建了公众对市场的信心并有力维护了美国跨国公司的商业声誉。

美国 1965 年颁布了《政府官员及雇员道德操行准则》，对各类高级官员及其配偶、子女的财产申报做出了规定。1978 年美国国会又颁布了《政府行为道德法》，该法规定在联邦政府各系统内建立个人财产申报制度，并对政府官员离职后的从业行为做出了详细规定。1989 年对该法进行了修订，颁布了《政府道德改革法》，将离职官员从业行为的受限范围扩大到国会议员和国会高级官员，还规定中下级官员也要申报个人及亲属的财产。美国公职人员的财产申报制度分为公开申报和秘密申报两大类。所谓公开申报是指个人财产报告要向社会公开，任何公民均可查看或复印。高级官员和雇员要公开申报。秘密申报的材料不予公开，由各单位内部掌握，适用中、下级官员和雇员，但公众可随时对某人的申报内容署名查阅，查阅情况主管机关将告知被查阅人。一般公务员不申报财产。1992 年，联邦政府道德署颁布了《行政部门雇员道德行为准则》，在礼品、利益冲突、滥用职权、兼职、职外活动等多方面作了详细规定，并附有大量实例。1985 年的《政府工作人员道德准则》规定公职人员不得以任何形式以权谋私。美国法律还规定，政府官员在离职后一年内不得回原工作部门为别人从事游说活动，违反者会受到刑事处分。

美国还制定了许多法律来提高政府决策的透明度。《信息披露法》规定：“美国公民有权看到除法律特别禁止的所有联邦或州政府的文件，而且实现这种权利无须任何必要的理由和请求。”《阳光政府法》规定，联邦政府的会议必须公开举行，电视台进行现场直播，选民可以自由参加旁听。在政府办公楼的秘书办公室和经理办公室里，可以索要到任何材料，包括政府机构的电话、上下班时间、地址、电子信箱，甚至还有美国总统的联系电话和电子信箱。1978 年，建立了财务公开制度，1989 年廉政改革法案并对其进行了完善。美国政府的财政预算和财务运作情况应依法公开，接受公众监督。

近年来，美国政府认识到，不少外逃贪官已经并继续对美国社会产生毒害，并损害其国家利益。美国总统布什2004年颁布一项禁令，禁止任何外国贪官及其家属进入美国。此禁令的发布，对那些已经逃到美国或准备逃到美国的贪官产生巨大的震慑作用。根据该命令，美国已经拒绝一大批拉美国家的贪官入境，美国的反腐特别行动小组也已开始清理在美贪官的财产，并可能将他们驱逐出境。

（2）严密的监督监控网络。

为了保证政府官员廉洁自律，美国建立了队伍庞大、法律法规健全的多样化的监督体系，如议会监督、司法监督、行政监督、政党监督、新闻监督、非政府组织监督、公众监督等，而且联邦与州、州与地方的监督机构之间均没有上下隶属关系。

在议会监督方面，为加强对联邦政府官员的监督，联邦参议院设有政府事务委员会，下设监督小组，专门监督与其相对应的政府部门及大小官员的行为。其进行监督的主要方法是受理举报，进行调查，举行听证会，必要时通过新闻媒介公开曝光。众议院设有职业道德委员会，该委员会的任务是检察官员的违法违纪行为，以保证其为官清廉。依据美国宪法规定，该委员会可以自行制定议事规则和道德法规，目的是为保证国家公务人员能为大多数社会公众服务。

在司法监督方面，主要指联邦法院、地方法院、司法部门及各级司法办事处依照法律规定对管辖范围内公务员的违法失职行为进行调查。他们除了直接查处包括议员、政府官员在内的各种刑事案件外，还接受议会和政府监督机构移交的违法案件。

在行政监督方面，从1976年起，美国国会开始研究在政府机关内部设立独立的监察机构，以调查联邦政府内部的贪污腐败问题。1977年，国会拟在各级政府机关内部设立监察长办事处，虽然这一决议遭到了政府各部门的反对，但国会坚持在1978年通过了监察长法案。同年年底，经卡特总统签署，该法案成为法律。根据监察长法案的规定，在美国联邦政府的各个行政部门中设立监察长办事处，由一名监察长主持该办事处的工作。监察长办事处主要有两个方面的职能：一是保证政府的公共资金用得其所，杜绝滥用、浪费及贪污、贿赂、盗窃等违法活动；二是提高政府部门的工作效率。法案规定：

监察长由总统征得参议院的同意后委任，且只能由总统罢免。总统在罢免监察长时，应向国会说明理由并加以证明。为保证监察长能够有效地开展监察工作，法案赋予监察长广泛的权力，包括：不受干扰地独立行使职权；监察长有权提出、执行任何审核或调查，任何人不得阻止；有权发出要求提供证据和搜集资料的传票；可随意向国会报告任何事项，而不受有关机构的限制；有权选择、委任和聘用所需的人员和雇员执行有关任务；受理联邦职员的控诉和举报，查处行政官员在精减、辞退、任用联邦职员中发生的违法违纪行为等。[①] 现在，在美国联邦政府的13个行政部门中都已设立了监察长办事处。

美国的道德署、检察长办公室等政府监督机构，以多种方式对政府官员实施监督。如芝加哥市政府道德委员会要求每一位工程项目承包商、代理商，在会见政府官员之前必须将会见的目的、内容、所代表的公司名称、游说工程项目、工程项目资金等内容在道德委员会的注册表格上填写清楚，并交纳200美元注册费，其目的就是为了跟踪调查。如果发现会见人没有填写注册表格，委员会可以自发现之日起，对其处以每天2 000美元的罚金，并通知政府取消该会见人与政府的合作项目。

实践证明，政府机关内部设立独立的监察机构是对付贪污舞弊行为的一种有效方法。自1982年至1986年的5年里，各政府机关的监察长办事处为美国政府挽回了840亿美元的损失。其调查的案件中，有19 000项罪名被判成立，有超过6 000家公司被禁止与政府进行商业交易。[②]

在美国，舆论监督被称为“第四权力”，其以政务公开和公民知情权的相关法律和法规为依据，对政府官员构成了颇具威力的监督功能。同时，美国媒体为吸引眼球，动辄斥巨资收买高官丑闻，尤其在对公职人员的监督方面，舆论界从来都不遗余力。在美国，除非能证明媒体存在着实际的恶意，否则对公职人员的报道即使不准确，也免受司法追究。

由于美国建立了对国家公务人员进行监督的权力体系，因此对于防止政府及其工作人员滥用职权、违法违纪起到了一定的积极作用。

（3）独立运行、密切协作的廉政机构。

除了检察机关、联邦调查局等反腐败机构外，美国还设立了几个比较特

① 中央纪委外事局、监察部外事局：《外国监督制度与实践——纪检监察机关国外考察报告专辑》，北京：中国方正出版社，1995年。

② 丁品余：《国外腐败丑闻与廉政之鉴》，北京：中国劳动出版社，1995年。

殊的廉政机构。一是审计总署。1921 年，美国决定成立直接向国会负责的审计总署，以加强对公共财政的监督审查，防止贪污挥霍、挪用公款的腐败行为。2004 年，该机构更名为“美国政府问责总署”，审计范围不断扩大，其职责是“发现和反映真相”，发展方向为“强化政府责任，改进政府绩效”。二是廉政公署。根据《政府行为道德法》，在人事管理局内设立廉政公署。1989 年，该署成为独立机构，直接受总统领导，并向总统和国会报告工作。其主要职责是管理政府各级官员的财产申报事务和监督政府官员的道德行为。三是监察长办事处。1978 年美国颁布的《监察长法》规定，在政府的各行政机关内设立监察长办事处，负责监督部门运作是否符合法律、政策和审计标准，协调审计和犯罪调查，进行廉政监督和政策监督。四是美国行政部门道德办公室。其主要职能是防止利益冲突并监督实施法律、审核财务、披露报告。

上述机构独立运作，分别对国会或总统负责，但又互相补充和配合。在出现腐败问题时，监察长负责调查、司法部门决定是否起诉、道德办负责解释法律，共同为廉政建设服务。

根据美国现行的法律规定，有权调查议员、政府官员贪污贿赂案件的机构包括：国会、监察长办事处、政府道德署和审计总署。上述机构对于腐败案件的调查，一般仅限于违纪的案件，如果对较为严重的涉嫌犯罪的贪腐案件，应移交美国联邦检察机关。美国联邦司法部行使美国最高检察机关的职权，各州司法部行使各州的最高检察机关的职权。总检察长肩负双重职务，既是联邦政策的首席检察官，又是司法部的首脑。司法部中与侦查贪污犯罪有关的是联邦调查局和独立检察官，二者都在总检察长的指挥下开展反腐工作。美国联邦调查局成立于 1908 年，其主要职责是调查有关叛徒、阴谋、间谍和破坏活动等方面的案件，以保护美国的国家安全。但进入 20 世纪 70 年代以来，美国联邦调查局在侦查各种公职人员的贪污受贿方面发挥越来越重要的作用。美国的独立检察官制度也非常引人注目。独立检察官隶属于司法部，主要履行对国家高级行政官员的调查和起诉，担任独立检察官要由司法部长提请并经联邦最高法院的法官小组任命。独立检察官在履行职责时享有特殊权力，在调查案件的过程中，享有司法部长和检察官的一切权力。此外，独立检察官还可以提起特别诉讼，在其认为行政官员犯罪事实清楚、证据确凿的情况下，可以和司法部长一起提起行政诉讼。[①] 在1999年克林顿总统的绯闻调查中，独立检察官斯塔尔所做的使克林顿总统险遭弹劾的调查，给人留下了深刻的印象。美国的反贪侦查机构由违纪的调查机构和犯罪的侦查机构两部分构成，二者职能上有所不同，但密切联系，相互合作。

在美国，将反腐败的主要任务交给联邦调查局（FBI）。FBI直属白宫，各地的分部不受当地政府管辖，可以调查任何人，且调查手段多样，主要有便衣特工、法庭许可的电子监听等。他们还搞出一套模拟犯罪检验法，来考验和诱惑有腐败嫌疑的政府官员。这些手段、方法让联邦调查局人员能够近距离观测到官员受贿行为的全过程或幕后非法交易，以充足的证据将犯人绳之以法。

（二）新加坡的宪法、法律法规与廉政制度

新加坡不仅经济发达，人民安居乐业，而且社会秩序井然，政府廉洁高效。新加坡至今已建立起内外结合、纵横协调的防腐治腐监控网络，制定了一整套完备有效、权威有力的反腐战略和法规体系。新加坡“廉政立国”的成功实践，有许多做法值得借鉴。

近半个世纪以来，新加坡不仅创造了举世瞩目的经济增长奇迹，从一个民生凋敝、贫穷落后的岛国，一跃成为世界先进且富有竞争力的新兴工业化国家，而且创造了令人惊羡的社会文明和政治文明，政府廉洁高效。新加坡推行“廉政立国”的发展战略，制定了一整套行之有效的养廉防贪和惩治腐败的法律法规。根据透明国际最近公布的腐败印象指数，近五年新加坡的清廉程度得分一直在9.1~9.4分之间（满分为10分），这表明新加坡不仅在亚洲而且在全球都堪称廉政典范。新加坡的反腐倡廉实践有一定的代表性，研究新加坡的廉政制度建设，对我国正在不断深入进行的反腐败斗争有借鉴价值。

1. 切实有效地推进国家廉政立法和加强严格执法

任何政党、国家机构、政府部门和公民个人必须尊重宪法和法律，树立宪法和法律的权威。新加坡制定了十分严苛而又完备的廉政法律体系，依法

① 《世界各国反贪污贿赂的理论与实际》，最高人民检察院贪污贿赂检察厅1995年编译并出版，第449~450页。

治贪，依法反腐，是新加坡反腐战略的法制保证。

新加坡《宪法》禁止公务员经商。新加坡《宪法》第2条第2款规定，严禁国家高层领导人担任营利性职位和从事商业活动，此禁令不仅包括总统，而且包括内阁成员，即总理和各部部长，同时规定官员的子女不得借助父母的地位非法牟利，目的在于维护政府公正廉洁的形象，提高政府威信和行政效率，保持社会和谐稳定。新加坡宪法对国家公务员的工资福利待遇作了保障性规定。宪法保障新加坡公务员享受高工资、高福利待遇，这既免去了公务员的后顾之忧，也在一定程度上抑制了公务员铤而走险起了贪腐的念头和动机。

新加坡《反贪污法》规定，国会议员和公共团体成员，包括大公司经理、董事长、董事会成员等犯贪污受贿罪，应处以10万元以下的罚款、7年以下监禁或者并处。在新加坡，现行的《反贪污法》共35条，对贪污受贿的惩罚可谓严厉：公职人员贪污受贿一经查实，不仅要处以5~7年的监禁，还要没收无法说明来源的一切财产，同时没收本人的公积金和退休金。如新加坡环境发展部政务部前部长曾接受了印尼商人赠送的7张机票，携带家人旅游，被发现后不仅被撤职，还被判刑4年。

新加坡在1962年成立了专职反贪污机构——反贪污调查局。反贪污调查局有两项主要职责：一是侦办贪污贿赂案件，并将侦办结果移送公务员委员会作纪律处分，触犯刑律的则移交检察长公署提起刑事诉讼。二是进行廉政监督，防止贪污行为，为案件多发部门和敏感部门提供防止贪污受贿行为的具体建议。为确保反贪污调查局的独立性，该局由总理直接领导，下设若干机构，除了一些公开设置的机构外，还有一批由总理和局长直接控制的秘密侦查队伍，其地位、身份、权力有严格的法律保障，薪水高于在其他部门任职的同级别官员。为了保证反贪污调查局独立、有效地履行职责，排除各种干扰，新加坡政府赋予了反贪污调查局充分的独立办案权。

反贪污调查局拥有警方所享有的一切权力，甚至可以在未经法院许可和没有逮捕证的情况下拘捕犯罪嫌疑人。反贪污调查局享有无证搜查与强行搜查、查封扣押财产、检查银行账目、要求有关人员提供犯罪证据、要求嫌疑人申报财产以及限制其转移财产等权力。此外，反贪污调查局还经常检查政府机关执行公务的程序，对较易滋生腐败的部门人员定期轮换，有效抑制了腐败行为。反贪污调查局不允许任何人享有法外特权，对一切涉案官员，无论其声誉多大、地位多高，法律面前一律平等。多年来，反贪污调查局全力查办贪污案件，对一些高官进行了调查和指控，处理了多起政府高官贪污受贿的案件。[①] 新加坡反贪污调查局与香港廉政公署一起赢得了“亚洲两个最成功的反贪机构”的美誉。

此外，为加大对贪污贿赂犯罪的惩罚力度，新加坡政府在总结过去惩治贪污受贿犯罪经验的基础上，于1989年制定了专门用于惩治贪污贿赂犯罪的《防止贪污贿赂法》和《没收贪污贿赂利益法》。《防止贪污贿赂法》在赋予反贪污调查局广泛调查权的同时，还规定了不同于追究一般犯罪的特别诉讼程序和新型证据制度，提供了强有力的法律保障。针对贿赂犯罪多为“一对一”秘密进行的特点，《防止贪污贿赂法》特别规定了“贿赂推定”制度。《防止贪污贿赂法》第8条规定：“如果能够证明已经或者寻求与政府、政府部门或者公共机构进行交易的人或其代理人向在政府、政府部门或者公共机构中供职的人支付、给予或者接受了任何报酬，除有相反的证据被证实外，该报酬即被认为是为了引诱或者报答而贿赂地支付、给予或者接受。”即只要行贿或受贿一方提供证据证明相对方受贿或行贿后，而相对方提供不出相反的证据证明该报酬不是为了“引诱或者报答而贿赂地支付、给予或者接受”，贪贿罪即可成立。贿赂推定制度在一定程度上解决了贿赂案件因“一对一”秘密进行而缺乏旁证、定案难的问题。根据《防止贪污贿赂法》第9条的规定，只要证明公务员接受、获取或同意接受或企图获取任何报酬，并有理由怀疑这种报酬是作为或不作为，即可认定其受贿，而无须证明受贿者是否有这种权力、机会以及有没有去实施行贿人所委托的事项。也就是说，只要公务员已经收受或企图获取行贿人的任何报酬，即使他没有实施行贿人请托的事项，甚至根本就没有能力实施行贿人请托的事项，也构成受贿罪。对于贪污贿赂犯罪的处理，新加坡法律规定了监禁、罚金和没收非法所得三种刑罚，其目的是为了“让腐败者在政治上身败名裂，在经济上倾家荡产”。根据《没收贪污贿赂利益法》的规定，涉案的非法所得和涉案人拥有的与其已知的收入来源不相称又“不能向法院做出合理的令人信服的解释”的任何财产或利

① 丁品余：《国外腐败丑闻与廉政之鉴》，北京：中国劳动出版社，1995年。

益，均属于贪污贿赂所得利益，应一律予以没收；如果被告人拒不执行没收令，法院将在应判刑罚的基础上再增加判处适当的刑罚，具体刑期为：2万新元以下的，处2年以下监禁；2万以上不足5万新元的，处5年以下监禁；5万以上不足10万新元的，处7年以下监禁；10万新元以上的，处10年以上监禁。

新加坡在1960年颁布了本国第一部《防止贪污法》，此后又根据形势变化的需要对其进行了多次修改，使之更加完善，且更具可操作性。为了打击那些尚不构成犯罪的腐败行为，新加坡还制定了《公务员守则和纪律条例》和《公务惩戒性程序规则》。《公务员守则和纪律条例》是一个保障公务员廉洁奉公，防止腐败的行政法规，该条例规定：第一，公务员每年必须申报自己和配偶的全部财产和收入情况。廉政署是管理和监督政府官员个人财产申报的监督机关，申报的财产包括：①动产、不动产、银行存款及利息、股票、证券；②担保人和家庭成员所拥有的投资和利息情况；③个人负债情况等。第二，公务员购买股票必须经过批准。经所在单位常务次长批准，公务员才能购买国有企业的股票或者外国在新加坡上市而不在新加坡经营业务的公司的股票；不允许购买私营企业或与本单位有业务往来的企业公司的股票。第三，不准许公务员接受任何人赠送的礼品，不得接受宴请。礼品包括现金物品、股票债券等；对于确实推辞不掉的礼品，可以先将礼品收下，然后再向单位报告并上缴国库；如果本人想保留这份礼品，可由财政部门估价后由本人付款购买；除个人私交外，任何公务员都不得接受下属人员赠送的礼品；退休官员接受下属人员所赠礼品，其价值不得超过50美元，并要向所在单位事务秘书报告。《公务惩戒性程序规则》规定，公务委员会对于涉嫌渎职或玩忽职守但又不够刑事处分的公务员，有权依照本规则规定的程序进行调查，并给予警告（惩戒）、罚款、停职、降职、停止或延缓加薪、扣减退休金、强制退休、解雇等行政处分。

新加坡前总理李光耀曾说，新加坡所建立的制度，不是假设没有人会贪污，而是确保一旦有人贪污腐败，必会被揭发和受到处罚。据统计，新加坡的贪污犯被抓住的概率超出菲律宾40倍。这种贪腐的高发现率正得益于新加坡建立的严密、积极的举报系统。在新加坡，公民的反贪意识非常强，任何人都可能是举报者，包括自己的朋友、同事以及生意伙伴，甚至亲人。新加坡反贪污调查局会向社会宣传反贪污信息，并通过媒体定期发布贪污案件，以鼓励公民举报。在公民的举报过程中，政府不会强迫他们提供真实身份，还会给予举报人最高级别、最严密的法律保护，因此举报人不仅不用担心自己的身份被泄露，而且还会得到丰厚的物质嘉奖。

上述法律法规编织了一张严密的惩治腐败的法网，使贪污腐败分子无机可乘。国家法律就像一把悬在腐败分子头上的“达摩克利斯之剑”，时刻威慑和警示着贪污腐败分子。新加坡秉承“主惩小恶，以戒大恶”的执法理念，对贪污腐败行为零容忍，即使收受一元钱或者一杯咖啡也构成犯罪。在实际执法活动中，新加坡有因多次接受价值 2 新元左右的小费而被指控的案例。

2. 建立和不断完善现代国家公务员制度

新加坡在加强廉政法治建设的同时，还建立和不断完善现代国家公务员制度，将廉政要求有效寓于国家公务员制度建设中，这也是新加坡反腐倡廉取得成功的一条重要经验。新加坡政府订立了严格的《公务员指导手册》，并人手一册，对公务员的言行举止、工作纪律、行政行为都做出了严格而明确的规定。新加坡政府将廉政考核作为公务员年度考核的一项最重要的内容，把政府官员的廉政考核结果作为升降奖惩的重要依据。新加坡在公务员的录用和晋升上严格把关，防止腐败分子混入政府机关并得到重用。对希望到政府机关工作的人员建立三道关口，即考试关、试用关和审查关，特别是对个人品德修养的审查。审查关尤其重要也最为严格，决不走过场。审查的范围包括求学期间的表现、日常交往、个人爱好、品德修养、家庭和社会背景等。新加坡政府非常重视公务员的在职培训和职业道德教育，建立了培训中心和公务员学院，专门负责对公务员的培训和教育，每年都会有上千在职公务员进行轮流进修，新招聘的公务员也必须接受任前培训。学员结业返回原单位以后，还要进行跟踪考察和评估，年底召开全国公共服务评奖大会，表彰先进。[①] 政府每年还会拿出一笔数目可观的奖学金，供有志于毕业后为政府服务的青年攻读大学或出国留学。在对公务员的培训中不仅传授专门知识，还十分注重公务员爱国主义情感教育，使他们以忠于职守、廉洁奉公为荣，以玩忽职守、腐化堕落为耻，从思想观念上精心构筑防贪反腐的精神堤坝。全民

① 中央纪委外事局、监察部外事局：《外国监督制度与实践——纪检监察机关国外考察报告专辑》，北京：中国方正出版社，1995 年。

性的廉政教育推动了新加坡全社会反腐共识的形成。新加坡高度重视对政府官员日常工作合法性和正当性的审查，政府每年发给各部门公务员一个记事本，公务员必须将每天的活动情况详细记录下来，并定期上交主管官员审查，如发现记载有疑点，主管官员应将记事本移送反贪污调查局审查核实，一旦查出有贪腐违法行为，主管官员和当事人都要受到处罚。

在新加坡，公民道德教育与廉政教育相互配合，相得益彰，成效明显。其一，新加坡政府对全民进行道德和廉政教育，他们尤其注意从青少年抓起，新加坡中学普遍设立了道德教育必修课和廉政课程，教育青少年“贪污贿赂如同黑社会和贩毒，都是严重的社会罪恶”。对社会其他阶层，也有针对性地通过出版、传媒、培训班、研讨班、上级对下级的谈话等形式进行经常性的肃贪倡廉教育，力求在全社会形成“以廉为荣、以贪为耻”的社会氛围。其二，新加坡政府重视针对公务员队伍的肃贪倡廉教育。一是要求公职人员必须不断地学习政府颁布的《训令手册》。二是要求公职人员在日常生活中注重仪表，即公职人员要具备一定的风度，言谈举止要文雅、谦逊、朴实、大方；待人接物要热情诚恳；要与同事搞好关系，彼此团结、互助、友爱；发型、服饰必须整洁、得体。三是不遗余力地推崇儒家学说。新加坡对公职人员进行经常性的尊老爱幼、扶贫济贫、爱国爱民、忠于职守、奉公守法的教育，努力营造出良好的官场风气。新加坡吸收借鉴了儒家的德治思想，李光耀非常推崇儒家“修身、齐家、治国、平天下”的信条，他把儒家的“忠孝仁爱礼义廉耻”视作儒家思想的核心，他认为“八德”的价值观念能有效地抑制腐败，建议把这“八德”作为新加坡人的具体行为准则。而且新加坡特别重视诚信文化的培育和道德品质的培养，制定了系统的诚信推广计划并将其纳入全民教育及员工培训，诚信计划的推广在新加坡的犯罪预防体系中担当着极为重要的角色。新加坡注重对公民进行诚信和廉政教育，灌输忠诚和廉洁是一种美德的观念。对社会不同行业和不同阶层，政府有针对性地采取举办讲座、讨论、展览等方法和通过报纸、电台、电视等媒体宣传手段进行肃贪倡廉的教育，使“廉洁光荣、贪贿可耻”成为全社会的共识，形成了一种廉洁的政治文化和舆论氛围，同时也进一步推动了全社会参与反腐败斗争。

对于新加坡的公务员来讲，如果因贪污贿赂被判刑，那么他失去的不仅是职业、高薪和自由，还有社会的尊重、公众的信任和做人的尊严，今后将很难在社会上立足，付出的代价是巨大的，有的甚至是他的全部。这也是新加坡高官一旦腐败罪行暴露，最终不得不选择自杀的重要原因。新加坡政府立法执法都公正严明，不论其地位高低或职权大小，在纪律和法律面前人人平等。1986 年，新加坡社会发展部部长郑章远被检举受贿和滥用职权，受到反贪污调查局立案侦查，郑章远自知罪责难逃而畏罪自杀。其实郑章远与李光耀总理私交非常好，后来李光耀在谈及这件事时明确表示，当时自己的心情是很复杂的。但是，李光耀强调他只能那样做，因为如果总理干预司法，使一名同其关系密切的高层人士免受惩罚，逍遥法外，那么经过长期努力建立起来的国家廉洁制度就会毁于一旦。

3. 新加坡的高薪养廉制度也发挥了重要的反腐倡廉功能

根据宪法规定，总统府的经费和议会议员的工资要由立法机关以法律形式规定。总统在任职期间有权领取法律规定的报酬；总统的报酬，不得任意削减。宪法还对总检察长、议会议长和副议长以及议员的工资待遇、工资支付办法以及不得削减等问题作了具体规定；对公职人员的退休金、退职金和其他类似的补助金的支付也做了保障性的规定。这是宪法对总统、总检察长、议会正副议长和议员的工资保障所做的原则规定。从整体上看，新加坡公务员的工资确实很丰厚，除适用中央公积金制度外，公务员还享受医疗福利、贷款优惠、住房优惠和集体保险等四种福利，高级公务员还享有更多的优惠条件，使他们经济上的正常要求能得到满足，有比较舒适的生活。在新加坡上层领导人和高级官员中实行养老金制度。如果因贪污、受贿被开除公职，丰厚的养老金和公积金也会被取消，到老年时生活没有保障。物质生活的保障，对于阻止贪污腐败也起到了一定的作用。

新加坡在高薪养廉方面很具代表性。为了使公务员抵御贪污受贿的诱惑，同时也为了留住人才，新加坡建立了高薪养廉制度。新加坡总理李光耀曾意味深长地说："我或许是共和国联邦国家薪水最高的总理，但或许是第三世界共和国联邦国家里最穷的总理。"在李光耀总理的倡议下，新加坡政府和国会大幅提高了公务员的工资。新加坡公务员的工资在 1973 年、1979 年、1982 年和 1989 年连续 4 次上调，1989 年上调后的公务员工资位居世界前列，例如总理月薪约为 10 973 美元，副总理月薪约为 9 458 美元，部长月薪约为 7 668 美元，常务次长月薪在 4 362 ~7 300 美元之间，司长月薪在 1 974 ~2 250 美元之间，普通科员月薪在 735 ~ 1 791 美元之间。我国各级公务员的平均工资为 15 487 元，在全国十多个行业的职工平均工资中，排名处于中下位次。除此之外，新加坡政府还为公务员提供优厚的福利待遇，如退休金、假期、有限度的医疗照顾、免费在职培训、贷款等。同时，新加坡政府还制定了完整的中央公积金制度，规定所有参加社会工作的人员，包括政府公务员、企业职员、一般工人都必须参加公积金制度。该制度的主要内容是：职工每个月工资的 20% 扣交公积金，公务员必须以每月工资的 18%，单位再加上 22% 共 40% 存入公积金。发生经济危机时比例可适当调整。这份公积金属于个人所有，但不得随意提取且只能用于四项内容：购买政府组屋、医疗治病、为子女交学费、养老基金。养老金在退休后方可提取，政府和企业不再另发养老金。一个公务员工作时间越长，其公积金越多。据统计，新加坡高级公务员（司局级）到 55 岁退休时，公积金总额大约有 80 万 ~ 90 万新元，相当于人民币 400 万 ~ 500 万元。由此可见，如果新加坡公务员在职时廉洁奉公，没有贪污腐败和违法行为，退休后积存的公积金足以使自己安享晚年。如果因微不足道的非法所得或轻微诈骗而导致公积金全部被没收，损失就十分惨重。一般情况下，新加坡公务员是不会冒这种风险的。不难看出，一方面，高薪养廉制度使公职人员能够享受优厚待遇，从而使他们珍惜自己的职位，没有必要冒贪污受贿而遭处分、开除或判刑的风险。新加坡《宪法》第 79 条规定："针对一个公职人员所给予的退休金、退职金和其他类似的补助金，应记入统一基金的账目并由统一基金支付之。"新加坡《宪法》对公职人员的工资福利待遇作了保障性的规定。以新加坡的中央公积金制度为例，一个公务员每月可获得月薪 40% 的公积金，工作时间越久，所得积蓄越多。如果在职时廉洁奉公，没有贪污腐败和违法行为，退休后，全家生活富裕，安居乐业。新加坡公务员受宪法保障的高工资、高福利免去了广大公职人员的后顾之忧，也一定程度上抑制了公职人员铤而走险起贪腐的念头和动机，客观上促进了新加坡反贪腐斗争的推展。但是，另一方面，倘若一个社会尚处于较容易以权谋私以致获取暴利的阶段，那么公务员就容易出现心理上的不平衡，容易跃跃欲试，铤而走险，高薪养廉就未必奏效。低薪未必带来腐败，高薪也未必一定廉洁，关键还要看各国的具体情况。

4. 建立严密的廉政监督体制

新加坡为了切实保证国家机关及其工作人员做到为政清廉，实现"廉洁政府”的目标，在新加坡《宪法》及相关法律中规定了多种法律监督体系，形成了相互协调、相互促进的严密监督网络。比如总统通过批准或者否决财政预算，委任高级官员，以及保障反贪污调查局的工作，对总理及其内阁进行监督，保障国家的储备金和资产不被滥用，维护国家机关的廉洁和正直。另如新加坡《宪法》中规定的公务委员会独立于政府以外，负责公务员的招聘、审查、任用、晋升、调动、退休、纪律处分等事宜，从政府的外部对公务员实行监督。同时，在新加坡《宪法》规定之外的政府机关内部监督、审计署监督、反贪污调查局等部门的监督，也发挥了对新加坡国家机关和工作人员强有力的监督作用，增强了新加坡全面廉政机制的建立。

（三）芬兰宪法中的廉政制度

芬兰政府公职人员滥用职权、贪污腐化的现象十分少见。在国际透明组织每年公布的世界各国腐败指数排名中，芬兰连续多年被评为“世界上最廉洁的国家”之一。值得注意的是，历史上的芬兰一度贪污横行，腐败成风，以权谋私的新闻报道在芬兰屡见不鲜。

1. 设立司法总监和行政监察专员公署

芬兰《宪法》第37条以及第46～48条规定，国务委员会设司法总监一人，即政府机构中的最高监察官，一般由著名法学家担任，其主要工作是依据宪法监督内阁成员以及政府其他官员是否遵守法律，履行职责。芬兰1919年《宪法》规定设立行政监察专员公署，监察专员的主要职责是监督国家官员和国家机构行为的合法性，除总统、政府司法总监等极少数人外，其他所有工作人员都不能逃脱监察员的眼睛，他们有权视察各级政府机关和公共机构，出席他们的决策会议，其监督视线甚至延伸到宗教和社会团体。[①]

2. 构建有效的权力制约机制

芬兰《宪法》分别对议会权力、司法部门权力及新闻和舆论自由等进行了规定，以此形成对政府及工作人员的廉政监督。芬兰《宪法》规定议会享有立法权、财政预算权、重大政策审批权，对政府行政进行控制和监督，对政府的不良行政进行纠正，同时议会还具有用名副其实的弹劾制度和责任追

---

① 陈全生：《廉政文化建设概论》，北京：红旗出版社，2008年。

究制度等对行政权力进行制约。芬兰的司法机关独立，不受行政机关的干预，从而能够起到真正的监督作用。芬兰《宪法》还规定芬兰公民都享有言论自由和不受干涉地出版发行文字及图画著作的权利，不经许可自由集会讨论公共事务及其他合法事项的权利等。

3. 规定严格的公务员管理制度

芬兰《宪法》规定国家任命公务员的总原则是能力、资格和品德三者兼备。芬兰建立了公务员政务官和事务官分开制度，以防止权钱交易发生，政务官由执政党选任，事务官由考试录用。芬兰对公务员的管理规定严格而无弹性，出差乘车、坐飞机和住宿标准等均有严格规定，不允许私自接受别人的邀请以考察的名义出国旅行。发现公务员有腐败行为，不但会被解职，严重者甚至可能入狱，在社会中寻找工作也没有人会雇佣，在亲戚朋友中更是颜面扫地。所以在芬兰，公务员的腐败成本很高，加上各方面的监督机制健全，因此在政府中腐败现象很少。

（四）新西兰不成文宪法中的廉政制度

新西兰是一个君主立宪制的独立国家，伊丽莎白二世女皇（英国女皇）为新西兰女皇。新西兰并没有成文宪法典，但其不成文宪法主要有两种：一是英国国会所制定的宪法性法律以及依据这种法律发布的特许状、诏书、训令及枢密院令等；二是新西兰国会所制定的宪法性法律。根据透明国际（世界反腐败国际组织）发布的全球清廉指数报告，新西兰连续多年名列全球清廉国家排行榜前茅。各级官员的年薪都公开透明，政府各部门基本上没有公务车辆，外出办公事或出差使用公共交通工具或私车，同时新西兰对官员公务消费规定十分严格，去外地出差，对就餐标准有明确规定。虽然新西兰没有成文宪法，但仍有一些廉政制度的规定。

1. 新西兰廉政专员制度

1962 年 9 月新西兰议会通过《议会专员法》，1975 年修订该法案时改名为《廉政专员法》，议会专员也被改为廉政专员。新西兰廉政专员制度在整个国家反腐败架构中有着十分重要的地位和作用，成为许多国家和地区学习和借鉴的对象。新西兰廉政专员制度由最高立法机关设置，在权威性与合法性方面都对行政部门及其公务人员形成心理震慑。同时，新西兰廉政专员还接受普通民众对不当行政部门的投诉，监督行政人员的行为，也能对预防和控制腐败起到预警作用。

2. 新西兰公职人员的廉洁勤政

新西兰所有公职人员岗位出现空缺都须通过各种媒体提前向社会公布，工资待遇也明码标价，新西兰的这套用人制度可避免任人唯亲，并保证了公务员队伍的高素质。新西兰根据《国家部门法案》（1998）第57款，制定了《新西兰公职人员行为准则》（2001），它包括三项原则：其一，公职人员必须以专业和正直的精神完成政府赋予他们的职责；其二，公职人员必须以诚实、忠诚和有效率的态度完成他们的工作，尊重公众权利和他们的同事；其三，公职人员不得因个人行为使公共机关蒙羞。新西兰把促进团结、与不正之风做斗争列为公务员的道德规范，各相关机构分别制定本部门的从业准则，将公务员的廉洁勤政观念培养作为日常工作的一部分。

3. 新西兰政府决策公开透明

新西兰政治运作高度透明，议会严格监督政府决策，议会的所有正式会议都对公众开放。新西兰于1989年通过《公共财政法》，该法规定议会批准公共开支的程序、规定政府及其各部门应怎样就其绩效目标和结果向议会做出报告、制定政府管理银行账户、投资和借贷的守则。政府须从议会获得拨款才能花费公共资金，每笔议会拨款须按各部门向公众提供产品和服务所需费用计算。议会严格监督政府预算的执行，这不仅使政府如何使用纳税人的钱透明化，而且能全面考核各部门预算执行的目标及绩效。为了做到决策的透明，新西兰政府在出台某项政策或制定、修订法律前，一般都将有关草案和背景向社会公布，任何个人和团体均可通过各种渠道提交自己的看法，这就在一定程度上防止了腐败及权钱交易可能情况的发生。

二、外国依宪依法构建廉政制度建设之借鉴

北欧指丹麦、瑞典、挪威、芬兰、冰岛五国。北欧人民安居乐业，北欧国家廉政建设也举世公认。在近年来透明国际公布的清廉指数排行榜上，北欧五国一直名列前茅。这些国家法律制度健全，行政公开透明，舆论监督到位，社会道德风尚良好，权力受到有效的制约和监督，极少有滥用职权、以

权谋私现象。北欧国家廉政建设取得的宝贵经验对我国的廉政建设很有启示。

（一）加强廉政法制建设，严格依法反腐

长期以来，世界上许多国家在同腐败行为做斗争的过程中，非常重视法治建设，通过“律之以严”，达到“求之以廉”的目的。特别是在20世纪20年代以后，许多国家加强了反腐败和廉政建设的立法工作，制定了一批反腐败和廉政建设方面的法律法规。早在20世纪初，北欧国家就开始制定反腐败法律。除了宪法以外，瑞典还先后制定了《行政法》《反行贿受贿法》《审计法》《新闻自由法》等，对公务员该做什么、不该做什么，能做什么、不能做什么，都有明确、具体、严格的法律规定。1919年、1962年、1978年瑞典又先后制定和完善了《反行贿受贿法》，对受贿罪做出明确规定，将贿赂犯罪的主体由原来的公务员扩展到企业的职员。依据瑞典《反行贿受贿法》，不仅要惩罚受贿者，根据情节轻重可对受贿者判处罚款直至最多6年的监禁，而且必须惩罚行贿者，凡构成行贿罪的，一律判处罚款或2年以内的监禁。芬兰在20世纪20年代制定了《公务员刑法》，后来又补充制定了《审计法》《政府采购法》《工程招投标法》，这四部法典成为芬兰反腐败的基本法律依据。丹麦虽然没有专门的反腐败立法，但在其刑法典的有关章节明确规定了对贪污受贿罪的处罚，且处罚力度远高于其他经济犯罪，对情节较轻的行贿和受贿都要分别“被处以罚款或不超过3年的入狱”和“被处以不超过6年的入狱或者在减轻处罚的情况下处以罚款”。

（二）建立健全监察制度

监察制度是北欧反腐的一大法宝，其效果举世瞩目。除了议会对行政和司法部门实行监督外，行政监察专员由议会直接拨款，可以在不受外界干扰的情况下依法独立行使监督权。瑞典首创了世界上第一个专门的监察官制度，1809年就设立了议会监察员。现有监察专员4名，由议会任命，任期为4年，其任务是监督中央和地方国家机构中的公职人员。任何公民发现公职人员有不法或渎职行为，都可以向监察专员举报。芬兰、丹麦、挪威随后也分别设立了议会监察专员或行政监察官。芬兰各政府机构都设有行政审查官，没有审查官签署的行政决策不受法律保护。另外，政府和议会分别设立财政监察

局和国家财物检察官，对政府和国家的各项开支实行经济监督。芬兰的政府司法总监和议会督察员是国家和政府机构中的最高监察官，一般由著名法学家担任，其主要工作是依据宪法监督总统、内阁成员以及政府其他官员依法履职。挪威议会监察官由议会选出，作为议会的代表行使职责，负责调查公众对中央政府和地方政府办事不公、腐败和处理问题不当等方面的意见。

（三）多维的权力制约机制

权力不加限制将导致权力滥用，因此，世界上大多数国家都注重建立健全监督网络，以遏制公共权力的滥用。北欧建立了一套包括议会监督、政党监督、专门机构监督、舆论监督、群众监督五位一体的全方位的监督体系。早在1809年瑞典就建立了监察制度，用名副其实的弹劾制度和责任追究制度对行政权力进行制约。瑞典的权力制约监督机制包括议会监督、司法监督、政府内部监督、公众和新闻媒体监督等。其中，议会司法专员是政府机关的最高监察官，它由议会任命。其主要职责就是听取民众的呼声，并与新闻界密切结合，运用宪法赋予的监督权、调查权和控告权，追究官员的渎职行为，规劝和惩治不廉洁的官员。在公众、新闻媒体监督方面，瑞典公民有权查询任何无关国家机密的政府文件，这极大地便利了媒体和公民监督官员。反贿赂事务所和新闻监督专员办事处是瑞典成立的专门的反腐败组织。反贿赂事务所由瑞典商人协会、工业协会和斯德哥尔摩商会联合建立，负责监督、检举政府机关、公务人员及商人的不良行为，维护商品交易中的自由平等竞争原则，反对贪污贿赂；新闻监督专员办事处是由报业主、记者出资建立起来的组织，专门监督新闻单位的报道工作，维护新闻道德和报道的真实性。丹麦议会还设有一个大检察官，其职责是代表议会监督丹麦的文职和军职机构或官员。这个职位是北欧国家独有的。大检察官不是议员，但必须是法律专业的毕业生，由议会选举产生。他的权力大于大臣，但不超过法官和法院院长，任何人都可以向他申诉任何丹麦官员。北欧国家的司法独立，不受行政干预，保证了司法系统独立地开展工作，从而能够真正起到监督的作用。北欧国家的审计部门具有较强的独立性。如丹麦议会的审计署，负责审计各部委资金使用情况，审计署可以直接获得各部委、机构的账号和公司的信息。北欧国家普遍重视内部监督，如行政监察、部门内部监督和政党相互监督等。

如在丹麦的廉政机制中，财政部发挥着十分重要的作用。政府各部委做出的任何一笔预算都要得到财政部认可，而且要送议会财务委员会批准。财政部把钱分给了各部委，到时候还要仔细检查预算的具体使用情况。北欧国家的新闻媒体地位非常重要，公众通过新闻媒体揭露腐败，监督政府的行为。媒体通过自主的新闻报道、转播、调查、评论，对政府官员行为操守进行批评监督。可见，各种监督相互衔接，构成网络，形成合力，提高了监督的整体效能，保证权力在阳光下运行。

（四）实行透明政治，透明行政

公开是腐败的天敌，阳光是最好的防腐剂，权力运行透明是防治腐败最好的药方。透明度越高，对腐败的制约也就越有力。芬兰、冰岛和丹麦的公共部门一切公开，所有档案都对公众开放，接受市民和媒体的监督。公共机构对社会透明，公务员岗位向每个人开放。公务员的公务行为和经济收入都是透明的，公众在网上随手可以查到。公务员对经济收入瞒报或延迟申报，将会被辞退。早在1766年，瑞典议会就确立了政务公开原则，开放政府记录，供民众查询，瑞典也因此成为世界上第一个实行政务公开的国家。任何一位公民都可以到任何一个政府部门查阅文件。1949年，瑞典议会又通过了新的《出版自由法》，其中最主要的条款就是“公开所有非秘密的公共文件”。此外，为了限制政府对信息的自由裁量权，瑞典还专门制定了《保密法》，极为详细地列举了哪些信息属于国家机密，哪些信息可以公开，这就避免了相关部门以国家安全为由，有意向公众隐瞒非秘密信息。

北欧国家普遍推行政府官员财产申报、登记和财产信息公开的制度以及金融实名的存款制度，成为名副其实的阳光政府和透明官员。早在18世纪中叶，瑞典公民就有权查看官员直至首相的财产及纳税状况，这个制度一直延续至今。每个公民和团体的收入和财产每年都要在纳税表上予以公布，税收当局有权了解全国所有账户的情况，任何人都可以到税务局询问和查实某人或某团体的收入及财产情况。任何人都不允许开匿名账户，如果官员的账户上出现了不明进项或不正常消费，可能就要接受调查。

（五）严格的公务员管理制度

1. 严格的选拔和录用制度

通过公开考试，择优录用，科学考核，量绩晋升，使一批优秀的人才进入政府部门，以保证政府的廉洁高效，几乎成为世界大多数国家的共识。例如英国的文官招考制度。英国经过一个半世纪的经验积累，建立了一套完善的招考制度和方法。其考试主要分两类：一类是初级文官考试，它由各部按规定自行招考；另一类是中级文官考试，它由专门的文官委员会录选局主持。这些考试采用一种被称之为“扩展面试考核法”的方法，包括：统测→能力考核→答辩→智力测试→面试五个阶段。每一名录取者都需要经过这些环节的严格考验，依照选题做出论文；回答考官所提出的各种问题，并对某个问题的几种方案做出合理的最佳选择，以显示自身独特的性格、能力和品德；在书面考试的基础上进行答辩，并解决自己不熟悉的问题；最后参加由文官委员会主持或其代表所主持的面试。如此严格的考试过程保证了一批优秀人士进入政府部门。录用难度之大，淘汰率之高，使入选者获得荣誉感，也使他们十分珍惜这来之不易的职位。

2. 严格的品德考核制度

国外在反腐倡廉中，把教育、预防、惩治三项措施互相结合，并特别注重教育预防。瑞士政府十分重视公务员的道德考核，瑞典较低的腐败发案率与该国公民有较高的道德水准和良好的社会风气有密切关系。政府规定每一位公务员在他上任的第一天必须进行就职宣誓，保证忠于职守，不谋私利，不受贿赂，遵纪守法。官员平民化，政府不给官员任何特权，人们经常看到瑞典首相和平民老百姓一样，独自一人去超市购物，没有保镖暗中随行。因为在瑞典人看来，每个人都是平等的，大家都希望得到公正的对待。如果有人通过行贿受贿得到好处，就意味着对他人的不公正，是不能够原谅的。人们不愿投机取巧，而是习惯于通过脚踏实地的劳动和正当的努力去创造和获得财富，这种社会文化价值观有力地支撑着瑞典政府的廉政建设。在芬兰，良好的教育环境使公民具有良好的法律素养，知法守法。芬兰儿童在初级学校就开设社会学课程，到高中阶段就系统学习法律知识。这样，青年人在步入社会之前就具备了基本的法律知识和遵纪守法的观念。而且最重要的一点是年轻人在进入公务员系统后，第一项最重要的教育就是宣誓守法，并在任何时候都要准确地把握腐败的界限，清醒地意识到什么能做，什么不能做。这种良好的教育环境无疑对公务员的廉洁自律有积极的影响力。

北欧国家普遍重视对国民和公务员的职业道德和职业操守的培养，强调诚实守信，自觉遵纪守法的良好理念。以权谋私被视为令人唾弃的行为，据瑞典前议会监察总长克老兹·埃克伦德先生介绍，因受历史和文化的影响，腐败行为在瑞典被公认为天理难容，是非常羞耻的事情。官员也不会把权力当商品，以权谋私，更不会有“当官不发财，请我都不来”的奇谈怪论，官场风气自然文明净化。这种以廉洁为荣、贪污为耻的道德传统和社会氛围，对公务员的廉洁自律有极大的影响力，有利于防止腐败。

3. 收受礼品的限额规定

各国各地区对公职人员在执行公务或日常工作交往及社会经济活动中接受礼品的行为都做了明确的规定。任何公务人员不得接受他人不适当的报酬，无论数额多少。在瑞典，一般认为，个人接受1克朗至99克朗（目前1克朗约合人民币1.25元）可谓适当，接受100克朗至999克朗也是允许的，然而，再多就“不适当”了。而且，是否“适当”不能只看馈赠物品的价值，还要看馈赠给什么人。像办案的律师、法官、警察等行使官方职权或担任公职的人，是不能接受任何馈赠的。在芬兰，法律明文规定，公务员不能接受价值超过20欧元（约合人民币200元）的礼品。倘若接受超过这一界限的礼品，则必须办理审批手续，否则将以犯罪论处。在芬兰流传最广的一句话是：“公务员可以接收一杯热啤酒和一个冷三明治，但如果喝上葡萄酒，那就危险了。”[1] 丹麦官方代表团绝对禁止接受和索要本国驻外机构的礼品。接待外国代表团来访时，丹麦方面严格按规定办事。丹麦对公务员的差旅费管理有极严格的规定，为防止公务员公私不分，浑水摸鱼，丹麦政府各部委、议会、军队等部门均设有专职管理人员，负责替出差人员通过旅行社预定旅馆和机票，防止有关人员“经手三分肥”。瑞典政府高官大都住在普通住宅区，国家不提供公勤人员，家务自理，下班后只能开私家车。在瑞典，法律明文规定，任何大臣不得从事本职以外的任何公私事业，不得从事有损于公众对其信任

① 许道敏：《芬兰：监督机制有效运行》，《中国监察》2004年第7期。

的职业或活动；任何人给予或答应他人不适当的报酬，不论数额多少，均被认为犯行贿罪。例如，环保局一位官员50岁生日时，一家农药公司因为这位官员对决定农药的生产可以发挥一些作用，便送他一瓶威士忌和一瓶白兰地。礼品虽轻，但这位官员却由此被判了受贿罪。在芬兰，绝对禁止公务员利用职权谋取私利，公务员接受金钱、珠宝、家电、低利息贷款、免费旅行等都可被视为接收贿赂，甚至接受荣誉头衔或有关部门推荐也可能被视为受贿。芬兰政府官员收到的礼品一律上缴，或自己花钱将礼品买下。如果公务员被指控受贿的罪名一旦成立，将被立即免职。

4. 从事第二职业的规定

世界上大多数国家，如巴西、英国、瑞典、韩国等，都明文禁止公务人员从事可能损害和影响其公职活动的第二职业。如巴西禁止公务人员兼职，尤其禁止议员兼职，严禁担任地方机构、国有公司或公私合营企业的职务。英国法律虽不禁止公务员兼职和接受兼职劳动报酬，但对其兼职行为加以严格限制，议员一年内从允许接受的各种兼职中获得的劳动收入总额不得超过其年薪的30%，并明确禁止议员为获取劳动报酬而从事产生行为冲突或利益不一致的兼职。韩国《公职人员伦理法》第17条规定：从退职开始2年之内，不得再与退职前2年内从事过的业务有密切关系，除非提出申请并经过管辖公职人员委员会的批准，不得在具有一定规模，以营利为目的的私营企业中就职。

5. 公职活动中回避亲属关系的规定

一些国家法律明文禁止政府机构中的裙带关系，如德国公务员法规定，公务员应回避与其本人或亲属有直接关系的公职活动。英国法律禁止官员雇佣、任命、推荐或提升自己的亲属到该官员所控制的机构或部门工作。这里的“亲属”包括公务员的父母、子女、兄弟姐妹、岳父母、侄甥、堂兄弟姐妹等。相比之下，现阶段我国公务领域的裙带关系、任人唯亲现象还比较严重，这不利于形成良好的官场风气。

（六）从根源上反腐：建立、健全廉政法律制度

1. 财产申报制度

要防腐，就要把公务人员的财产、收入公开。财产申报制度是国际社会

反腐败的一项重要措施，被称为“阳光法案工程”。财产申报制度是指公职人员按法律规定，在一定时期内向政府有关部门报告自己及配偶、子女的财产状况，包括数量、来源、变动等内容，然后由主管机构予以审核的做法。当今世界反腐倡廉成绩突出的国家，一般都根据本国国情制定了财产申报制度。早在 1766 年，瑞典就规定公民有权查看官员甚至首相的财产和纳税清单。很多国家的财产申报制度规定得明确而详细，这样便于监察机构审核官员的廉政状况，也易于公众监督，增大了政府官员行为的透明度，提升了政府的廉洁形象和公信力。

2. 金融实名制度

金融实名制，是指任何人都必须以真实姓名设立银行账户，所有的金融交易也必须使用实名并记录在案，并对违者处以刑罚的一种制度。瑞典、挪威、芬兰这些国家在转型时期也是非常腐败的，为了惩治腐败，这些国家也制定了很多法律法规，其中最核心、最管用的制度主要有两项：一项是家庭财产申报登记制，另一项就是金融实名制。实践证明，孤立的财产申报制度还有某些不足之处，只有把财产申报制度和金融实名制度有机结合起来，才能取得良好的反腐效果。

3. 举报制度

依靠举报发现腐败现象，让贪官不敢贪，也是世界各国的一项重要举措。2003 年，韩国政府出台《公务员行动纲领》，严格规范公职人员的行为，并在每年年底、春节、中秋节进行集中检查整治。为动员全社会对腐败行为进行监督，韩国政府对举报腐败行为的公民提供身份保密、人身安全保护，并且视举报休息重要程度给予现金奖励。例如，2002 年至 2010 年期间，韩国政府共向 124 名举报人支付了高达 20 亿 9 000 多万韩元（约合 1 221 万元人民币）的奖金。

4. 采购、招投标制度

规范、明确的采购、招投标制度也是国际反腐败取得显著成效的重要举措。北欧国家，主要是瑞典、芬兰等国，让资源充分市场化，政府对企业的行政管制较少，行政审批项目和权力相对有限。因此，对于政府办公用品、国有生产资料、集体消费用品、军工产品等使用公共财政支出的事项，都实行年度集中采购的制度。对于市政工程、公共服务、市政建设等实行公开招标和竞争投标的制度，断绝了权钱交易的机会，防止了商业贿赂行为。

根据《联合国反腐败公约》第 9 条规定的公共采购制度。首先，各缔约国均应当根据本国法律制度的基本原则采取必要步骤，建立对预防腐败特别有效的以透明度、竞争和按客观标准决定为基础的适当的采购制度。这类制度可以在适用时考虑到适当的最低限值，所涉及的方面应当包括：①公开分发关于采购程序及合同的资料，包括招标的资料与授标相关的资料，使潜在投标人有充分时间准备和提交标书；②事先确定参加的条件，包括甄选和授标标准以及投标规则，并予以公布；③采用客观和事先确定的标准做出公共采购决定，以便于随后核查各项规则或者程序是否得到正确适用；④建立有效的国内复审制度，包括有效的申诉制度，以确保在依照本款制定的规则未得到遵守时可以诉诸法律和进行法律救济；⑤酌情采取措施，规范采购负责人的相关事项，例如特定公共采购中的利益关系申明、筛选程序和培训要求。其次，各缔约国均应当根据本国法律制度的基本原则采取适当措施，促进公共财政管理的透明度和问责制。这些措施包括：①国家预算的通过程序；②按时报告收入和支出情况；③会计和审计标准及有关监督构成的制度；④迅速而有效的风险管理和内部控制制度；⑤在本款规定的要求未得到遵守时酌情加以纠正。再次，各缔约国均应当根据本国法律的基本原则，采取必要的民事和行政措施，以维持与公共开支和财政收入有关的账簿、记录、财务报表或者其他文件完整无缺，并防止在这类文件上作假。

廉政制度建设是一项宏大系统工程，离不开法律制度尤其是宪法的支持和保障。历史地看，宪法对各国廉政制度建设和反腐败斗争所取得的成绩功不可没，也将继续发挥更大的作用。

参考文献

1. ［古希腊］亚里士多德著，颜一、秦典华译：《政治学》，北京：中国人民大学出版社，2003 年。

2. 郭忠华、刘训练：《公民身份与社会阶级》，南京：江苏人民出版社，2007 年。

3. ［德］马克斯·韦伯著，彭强、黄小京译：《新教伦理与资本主义精神》，西安：陕西师范大学出版社，2002 年。

4. 毛泽东：《毛泽东文集》（第 7 卷），北京：人民出版社，1999 年。

5. 谢振民：《中华民国立法史》，北京：中国政法大学出版社，2000 年。

6. 邓小平：《邓小平文选》（第 2 卷），北京：人民出版社，1995 年。

7. 李步云：《人权法学》，北京：高等教育出版社，2005 年。

8. ［美］托马斯·雅诺斯基著，柯雄译：《公民与文明社会》，沈阳：辽宁教育出版社，2000 年。

9. ［美］塞缪尔·P. 亨廷顿：《变化社会中的政治秩序》，上海：三联书店，1989 年。

10. ［法］孟德斯鸠著，张雁深译：《论法的精神》，北京：商务印书馆，1982 年。

11. 卓泽渊：《法治国家论》，北京：法律出版社，2008 年。

12. 李步云：《人权法学》，北京：高等教育出版社，2005 年。

13. 本书编写组：《党的十八届四中全会〈决定〉学习辅导百问》，北京：党建读物出版社，2014 年。

14. 韩大元：《外国宪法》，北京：中国人民大学出版社，2000 年。

15. 齐延安：《宪政立国之路》，济南：山东大学出版社，2006 年。

16. 刘洪潮：《外国腐败之风与廉政之道》，北京：新华出版社，2000 年。

17. 孙晓莉：《国外廉政文化概略》，北京：中国方正出版社，2011 年。

18. 李艳丽：《反腐倡廉的标与本》，武汉：湖北人民出版社，2012 年。

19. 宋振国、刘长敏：《各国廉政建设比较研究》，北京：知识产权出版社，2013 年。

20. 尤光付：《中外监督制度比较》，北京：商务印书馆，2013 年。

21. ［英］亚历克斯·乔西：《李光耀》，上海：上海人民出版社，1976 年。

22. 郑维川：《新加坡治国之道》，北京：中国社会科学出版社，1996 年。

23. 刘守芬、李淳：《新加坡廉政法律制度研究》，北京：北京大学出版社，2004 年。

24. 陈岳：《李光耀——新加坡的奠基人》，北京：时事出版社，1990 年。

25. 张永和：《李光耀传》，广州：花城出版社，1993 年。

26. 何增科：《政治之癌：发展中国家腐化问题研究》，北京：中央编译出版社，2008 年。

27. 林喆：《权力腐败与权力制约》，济南：山东人民出版社，2009 年。

28. 新加坡联合早报编：《李光耀 40 年政论文选》，北京：现代出版社，1996 年。

29. ［美］约索夫·斯托里，毛国权译：《美国宪法评注》，上海：三联书店，2006 年。

30. 中央纪委外事局、监察部外事局：《外国监督制度与实践——纪检监察机关国外考察报告专辑》，北京：中国方正出版社，1995 年。

31. 丁品余：《国外腐败丑闻与廉政之鉴》，北京：中国劳动出版社，1995 年。

32. 《世界各国反贪污贿赂的理论与实践》，最高人民检察院贪污贿赂检察厅，1995 年。

33. 刘大生：《美国宪法中的廉政条款述评》，《唯实》2008 年第 6 期。

34. 徐汉民、黄达亮、姜汉奎：《富有特色的新加坡反贪体制及运行机制》，《中国检察官》2008 年第 8 期。

35. 刘亚林：《新加坡廉政建设》，《兰州大学学报》（社会科学版）1995 年第 1 期。

36. 李文：《东亚国家廉政文化建设比较研究》，《浙江社会科学》2006 年第5期。

37. 曹运华：《一个难以割治的政治毒瘤——论第三世界国家的政治腐败》，《东南亚研究》1990年第1期。

38. 《世界各国高级公共服务人员年薪比较》，《联合早报》1994年10月24日。

39. 金波：《新加坡的制度反腐经验》，《国际关系学院学报》2009年第4期。

40. 秦德占：《新加坡人民行动党廉政理念的践行与启示》，《新视野》2012年1期。

41. 赵璐：《新加坡反腐模式概观》，《团结报》2012年第5期。

42. 王亚兰：《警钟长鸣 筑牢防线——关于反腐倡廉教育与实践的思考》，《共产党人》2015年第4期。

43. 邵沙平：《结合联合国反腐败公约的实施　推进我国反商业贿赂法治》，《河南省政法管理干部学院学报》2006年第3期。

44. 陆韬：《美国廉政建设概况及其借鉴》，《特区实践与理论》2008年第3期。

45. 馨元：《公民概念在我国的发展》，《法学》2004年第6期。

46. 许小莲：《“党内法规”法律地位之考证》，《求实》2010年第7期。

47. 陈云生：《党的纲领性文件与宪法的关系》，《政治与法律》1998年第4期。

48. 李恩侠：《党内法规如何与国家法律相协调》，《天水行政学院学报》2006年第5期。

49. 周叶中：《关于中国共产党党内法规建设的思考》，《法学论坛》2011年第4期。

50. 姚岳绒：《论党章与宪法的关系》，《河北法学》2012年第2期。

51. 姜明安：《论中国共产党党内法规的性质与作用》，《法学研究》2012年第3期。

52. 侯万锋：《中国的宪政建设与政党推动》，《中共天津市委党校学报》2008年第4期。

53. 潘泽林：《中国共产党党内法规及其体系构建问题研究》，《南昌大学学报》（人文社会科学版）2007年第1期。

后　记

党的十八大以后，我国已进入制度反腐新阶段，在新一届党中央的领导下，制度反腐工作有序展开。十八届三中全会通过的《中共中央关于全面深化改革若干重大问题的决定》明确指出："坚持用制度管权管事管人，让人民监督权力，让权力在阳光下运行，是把权力关进制度笼子的根本之策。""要建设法治中国，维护宪法法律权威，深化行政执法体制改革，健全司法权力运行机制，完善人权司法保障制度"。"要加强社会主义民主政治制度建设，推进协商民主广泛多层制度化发展，发展基层民主。要完善和落实领导干部问责制，完善从严管理干部队伍制度体系。"这无疑体现了党着力于制度反腐的深刻用意，努力增强制度反腐的有效性。十八届四中全会后，中国进入"依法反腐"阶段，以法治防腐、反腐，从制度上根除腐败产生的土壤，把腐败控制在可接受范围内。

从党中央的重大论述中我们可以看出制度反腐的进路：运动式反腐—制度反腐—依法反腐。这是一个螺旋式上升、逐渐升华的过程。运动式反腐有随意性，制度反腐需要借助于法律力量，依法反腐才能合法、合规并持之以恒。为此，嘉应学院广东高校廉政研究中心按照党中央的部署，结合本校的实际情况于2013年进行了高校内部审计制度的研究，并出版了《内部审计：高校肌体的"免疫系统"》（李友文主编，中国社会科学出版社，2014年）一书；2014年开展了高校依法治腐的研究，并组织撰写了《预防·监督·治理——高校依法治腐的制度设计》（中国社会科学出版社，2016年）一书；2015年开展了以宪反腐为主题的研究活动，组织撰写了《依宪治国与反腐》一书。本书的思路是宪法是根本大法，依法反腐首先应着眼于依宪反腐，通过宪法的实施，以达到制衡权力、监督权力的运行之目的。

本书从2015年1月开始策划，5月开始写作，一直到2016年5月完稿，整整用了一年的时间。其间，每个作者都付出了辛苦的劳动和汗水。在作者的挑选上，要求既具有承担本书写作任务的较高的理论水平，又最好是从事相关工作的在岗人员。他们分别是，绪论：李友文（嘉应学院党委副书记、纪委书记、研究员）；第一章：刘裕利（嘉应学院政法学院讲师、博士）；第二章：杨永林（嘉应学院政法学院副教授、博士）；第三章：黄小谨（嘉应学院政法学院副教授、硕士）、谢兴梅（嘉应学院体育学院助教、硕士）；第四章：郭锦杭（嘉应学院政法学院教授、硕士）；第五章：王辉（嘉应学院政法学院副教授、博士）；第六章：索光举（嘉应学院广东高校廉政研究中心主任、教授）；第七章：陈红心（嘉应学院马克思主义学院副教授、博士）；第八章：程永锋（嘉应学院马克思主义学院讲师、硕士）。本书的顺利出版得到了嘉应学院党委书记丘小宏同志和校长邱国锋同志的指导和大力支持，在此一并表示感谢。

本书由于撰写时间紧迫、任务繁重，难免有一些疏漏、不足和需要商榷的地方，敬请各位读者不吝批评指正。

索光举

2016 年 10 月于梅州